一九五八年以港腳為主體的中華隊在東京亞運連霸足球金牌，羅北為後排掌旗者。

一九六七年亞洲盃東區預賽

右上 / 中日大戰最大功臣林尚義，趁中場休息的時間，坐在濕濘的場地上喝水。
（中國時報資料照片，姚琢奇攝）

右下 / 一九六七年八月三日亞洲盃東區預賽，中華隊後衛羅北（右）在場外與來賓交談。
（中國時報資料照片，邱維國攝）

上 / 一九六七年七月三十日亞洲盃東區預賽中日大戰，中華隊林尚義（倒地者）頭槌頂入關鍵進球的畫面。
（中國時報資料照片，姚琢奇攝）

中華民國足球協會　主辦　№ 000446

中華民國——澳大利亞足球邀請賽

入場券

（半　票）　票價30元

比賽日期：中華民國六十八年十一月廿七日十九時（十八時女子足

比賽地點：臺北市敦化北路市立體育場

上／　總教練羅北在印尼訪問比賽指導球員。

右上／一九八三年中華男足訪印尼比賽，隊長鐘劍武賽前與對手猜銅板選邊，胸口可看到「自強」隊名。

右下／我國因亞足聯會籍遭中共取代，移籍至大洋洲足聯發展，圖為一九七九年中華男足與澳洲在老台北田徑場踢邀請賽的門票，半票三十元。

消防栓
HYDRANT
FIFA.com
C.C. WANG
7

二〇〇四年五人制世界盃足賽在台灣

右上 / 中華隊張仟縈（左二）攻破烏克蘭大門，與隊友開心慶祝。

右下 / 中華隊陳嘉和（右）對烏克蘭攻入台灣在世界盃的歷史性首顆進球。

上 / 中華隊主將曾台霖（右）在開幕戰力抗埃及隊。

二〇〇六年亞洲盃資格賽首戰伊朗，年僅十七歲的陳柏良在今井敏明手中上演成年國際賽處女秀。

太極虎來襲

右上 /
二〇〇六年亞洲盃資格賽主場對南韓，中華男足日籍教頭今井敏明（右）與南韓的荷籍教練佛貝克出席賽前記者會。

右下 /
亞洲盃資格賽中華男足主場對南韓，門神呂昆錡（下）力抗南韓明星前鋒安貞桓。

左上、左下 /
中華男足面對以二〇〇六世足賽陣容為主體的南韓隊，中山足球場湧入近萬觀眾。

右／二〇〇七年呂昆錡在奧運資格賽對陣強敵澳洲。

上／二〇〇六年亞洲盃資格賽客場對伊朗之戰，年僅十七歲的陳柏良（前排左二）上演中華男足處女秀。

左／陳柏良在二〇〇七年代表台體參加大專聯賽。

LOKAH FORMOSA
Chinese Taipei

二〇一一年世足資格賽中華vs.馬來西亞

上右 / 陳昌源首度代表中華隊出戰，吸引一萬五千名觀眾湧入台北田徑場。

上 / 陳昌源（上）對馬來西亞上演中華隊處女秀。

下右 / 張涵（右三）破門替中華隊扳成一平。

下左 / 陳柏良（下）兩度造成馬來西亞禁區內犯規，掙得十二碼球。

二〇一五年世足附加賽客場對汶萊之戰，老將呂昆錡（後排左一）銜命先發並完封對手，帶領中華隊逆轉晉級。

CTFA

二〇一五年世足附加賽客場對汶萊，中華男足由王睿先馳得點，全隊擁抱慶祝進球。

上／　二〇一五年世足資格賽，前鋒吳俊青頭槌攻破越南大門，一度替中華隊扳成一平。
下／　二〇一五年中華男足在世足資格賽客場對泰國，黃楷峻第六十五分鐘進球追成二平。
左上／二〇一七年雙十節中華男足對巴林，朱恩樂（左）於補時階段頂進致勝球後狂奔慶祝。
左下／二〇一七年底CTFA邀請賽，中華隊前鋒李茂（右）慶祝進球。

CTFA
CHINESE TAIPEI FOOTBALL ASSOCIATION
20
S.L. JIANG
14
17

RNATIONAL
NAMENT
請賽
TAIPEI
CTFA
96

二〇一七年，中華男足隊長陳柏良代表全隊舉起CTFA邀請賽冠軍獎盃。

HKFA.COM
HKLEAGUE
HKPREMIERLEAGUE
球總會
BLOCK

右上 / 二〇一九年六月，陳浩瑋（十號）在旺角大球場的大雨中兩度攻破香港球門，助中華男足粉碎逾半世紀不勝香港的魔咒。

右下 / 二〇一九年世足資格賽，隊長陳柏良（中）在主場對約旦之戰助攻溫智豪（左）進球。

上 / 台英混血兒「甜甜圈弟」沈子貴成為中華男足的生力軍之一。

上／　二〇一七年雙十國慶陳柏良在陳昌源助攻下攻破巴林大門。

下／　二〇一八年亞洲盃資格賽陳柏良對新加坡慶祝進球。

左上／二〇一八年東亞盃第二輪陳柏良力抗強敵北韓。

左下／二〇一七年雙十國慶，陳浩瑋（右）對巴林送出致勝助攻後與隊長陳柏良擊掌。

12
12
FIFA

右上 / 盤帶突破是陳浩瑋（左）的拿手好戲，圖為 二〇一七年他在亞洲盃資格賽對陣土庫曼。

右中 / 陳浩瑋（右）與溫智豪（左）開啟台灣潛力新秀登陸的新時代。

右下 / 溫智豪與陳浩瑋在北京並肩作戰六年，感情深厚，圖為二〇一五年中華男足對澳門的國際友誼賽，溫智豪擁抱攻入進球的陳浩瑋。

上 / 二〇一五年亞洲盃資格附加賽對東帝汶，溫智豪助攻吳俊青攻入超前球。

上 / 二〇一五年三月對汶萊的世足附加賽，王睿（右）抓住角球機會攻破主隊大門，成為中華隊逆轉晉級的功臣，一炮而紅。

左 / 赴港發展的王睿逐漸在中華隊後防站穩先發位置，圖為他在二〇一九年世足資格賽主場對陣約旦。

陳昌源二〇一五年代表中華男足在世足資格賽主場對陣泰國。

CTFA
8
8

「足球貴公子」台灣初登場

上／陳昌源（前排左一）二〇一一年在世足資格賽主場對馬來西亞上演中華男足處女秀。

下／陳昌源上演中華隊處女秀後，衝上看台把球衣送給爺爺陳明生。

左／陳昌源在中華隊處女秀對馬來西亞罰進十二碼球後振臂慶祝。

Tor Star
CTFA
8
8
Tor Star

右上 / 二〇一一年中華男足對大馬的世足資格賽，台北田徑場湧入逾一萬五千人爭睹陳昌源丰采。
右下 / 陳昌源在二〇一八俄羅斯世足資格賽為中華隊拚戰，圖為他遭到越南隊犯規。
上 / 二〇一七年雙十國慶，慶陳昌源（右）助攻陳柏良攻破巴林大門，讓中華隊扳成一平，兩人擁抱慶祝。

CTFA
8
8

右 / 陳昌源在亞洲盃資格賽主場對巴林的前一天帶傷參與中華隊訓練，左小腿脛骨的包紮相當明顯。

上 / 陳昌源（左一）把二〇一七年雙十對巴林視為生涯最後一戰，強忍左小腿舊傷先發上陣。

下 / 陳昌源踢完對巴林的亞洲盃資格賽，揮著國旗與現場觀眾道別。

11
中華

航向世界杯 中華隊夢碎

北韓踢進冠軍戰

將與日本爭'99世界杯資格

中華戰大陸 惜敗 寫下最多場失分紀錄

楊雅晴 讓對手防不勝防

女足 大陸驟死賽封后

女足發威 中華

13：1

右上 /中華女足傳奇球星周台英（右）與第一代木蘭成員黃映雪在一九八四年世界女足邀請賽合照。（中國時報資料照片）

右下 /周台英是宜寧女足的代表性人物，圖為一九八四年世界女足邀請賽她對西德嘗試射門。

上、左 / 一九九七年亞洲盃中華女足世界盃夢碎相關剪報。

下 / 一九九七年中華女足在總教練高庸（後排右一）帶領下，至荷蘭、義大利移地訓練備戰大賽。

右上 / 一九九九年亞洲盃決賽，穿白色球衣的中華女足與穿紅色球衣的大陸隊爭冠。

右下 / 一九九九年中華女足由醒吾董事長顧懷祐（後排中持花束者）為總領隊，至大連移地訓練備戰亞洲盃。

下 / 一九九九年亞洲盃中華女足獲得亞軍。

SANYO
MOTOROLA
'99 11 21

上右 / 二〇〇六亞洲盃，中華女足擋不住日本球星澤穗希帶動的團隊攻勢，以一比十一慘敗。

上中 / 二〇〇六年中華女足首次在國際賽不敵越南，也第一次在亞洲盃小組賽墊底，右為中華隊陳雅玲。

上左 / 二〇〇五年土耳其伊斯麥世大運中華女足的先發十一人，幾乎全是二〇〇二年印度亞青賽亞軍班底，卻無法止住國際賽成績下滑趨勢。

右下 / 陳淑瓊一九九九亞洲盃決賽對大陸。

TPE
adidas
3
6
5
10
15
13
4
7
SOUTDAOLOUNG
2
10
6

右上 / 中華女足在體育署支持下於二〇一四年重返亞運。
右下 / 二〇一五年余秀菁在奧運資格賽頭槌頂開寮國大門。
上 / 中華女足在二〇一四仁川亞運小組賽力抗大陸。
下 / 中華女足隊長余秀菁（左）在仁川亞運 八強賽對南韓遠射搶攻。

二〇一七台北世大運

上／　陳燕萍（右）破門助中華隊首戰完勝阿根廷。

左上／中華女足在台北世大運小組賽最後一役一比一踢平南韓，無緣晉級八強。

左下／中華女足無緣八強，後衛卓莉珊賽後落淚痛哭。

90:00
TAIPEI 2017
SUMMER
UNIVERS

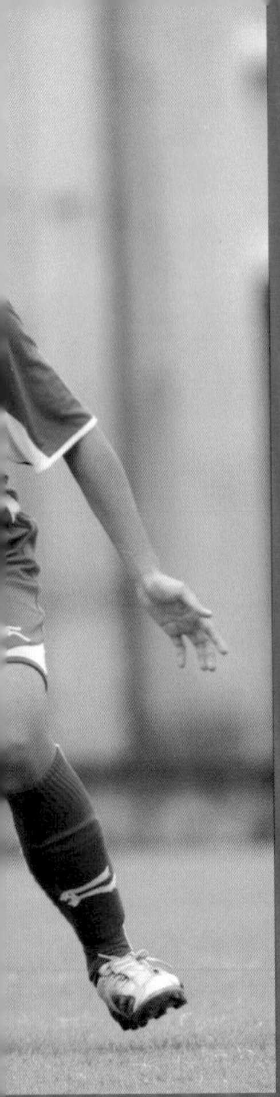

右一 / 二〇〇六年亞洲盃，曾淑娥（左）奮力對抗日本。

右二 / 曾淑娥（左）是周台英在師大的得意門生，右為同為二〇〇二亞青世代的盧燕鈴。

右下 / 曾淑娥（右三）在二〇二〇年初代表中華隊出征奧運資格賽。

左下 / 二〇二〇年初東京奧運第三輪資格賽，隊長丁旗（十七號）攻破泰國大門，助中華隊贏得睽違十八年的對戰勝利。

台電男足

上／　一九七九年台電足球隊於經濟部運動會合影。

下／　一九八四年台電赴韓與韓電交流。

左上／台電創隊成員盧崑山，後來創辦麗臺科技並成為足協理事長，於二〇一〇年穿台電球衣與小朋友切磋。

左下／台電男足創隊隊長謝善伍（左）於二〇一九年接受足協理事長邱義仁頒獎。

大同男足

上／ 二〇一七年大同在台北田徑場贏得首屆企甲聯賽冠軍。

下／ 大同總教練強木在於二〇一九年獲頒年度最佳男足教練。

左上／前國腳羅志安離開大同後，帶領民族國中足球隊，也成為大同轉型為俱樂部經營的U15梯隊。

左下／一九九一年大同隊到大溪地參加邀請賽，陣中一五三公分「小巨人」鄧明輝（右）結識了一八九公分的北京隊中鋒郭維維，日後郭維維成為北京八喜隊行政高層，促成台灣球員到大陸登陸發展的美事。

11
adidas
hummel

2011

二〇一一年亞足聯主席盃，台電捧盃

右上 / 陳柏良贏得二〇一一年亞足聯主席盃MVP。

右下 / 台電前鋒何明站以六顆進球榮膺主席盃金靴獎。

上 / 台電隊長郭殷宏舉起主席盃冠軍，與全隊一起歡呼。

1991.11.16中華女足三位銘傳隊員陳淑珠、藍藍芬、黃玉娟

銘傳女足

右上 / 一九九一年首屆女足世界盃，當時中華隊有陳淑珠（左起）、藍藍芬、黃玉娟三位國腳來自銘傳管理學院。

右下 / 二〇〇〇年銘傳女足隊員合照，前排右一為世界盃國腳藍藍芬。

上 / 亞青女足隊長陳曉娟（左）於花蓮體中畢業後先進入銘傳大學，圖為她在二〇〇七年代表銘傳參加大專聯賽。隨後陳曉娟轉學至台體，銘傳女足也因招生不足，逐漸走入歷史。

木蘭女足聯賽

右下 / 二〇一三年奪得全運會金牌的新北市女足隊，多數球員在首屆木蘭聯賽披上新竹FC戰袍。

左 / 二〇一六年花蓮台開完成木蘭聯賽三連霸。

左下 / 二〇一九年台北市政府正式成立台北熊讚女足隊，北市吉祥物熊讚也到球場應援。

CHAMPIO
molten
台灣木蘭女子足球聯賽
Taiwan Mulan Football League
支票
憑票支付 冠軍
捌拾萬元整
台灣木蘭足球

右上 / 二〇一八年木蘭聯賽總冠軍戰第二回合，藍鯨擊敗花蓮封后，在台中主場拋下藍色彩帶。

右下 / 二〇一七年台中藍鯨在總冠軍戰擊退台北 Play One，球員與日籍教頭堀野博幸慶祝奪冠。

上 / 二〇一九年台中藍鯨成為第二支三連霸木蘭聯賽后冠的勁旅。

二〇二〇年木蘭聯賽由花蓮捧盃，贊助商吉祥物「小橘」在頒獎典禮也相當搶眼。

TAIWAN

台灣60年足球

1958~2020台灣足球的篳路藍縷，草坪上不滅的夢想

FOOTBALL

作者簡介

李弘斌

東吳大學企管系畢業，因為喜歡棒球和義大利足球巨星巴吉歐，二〇〇三年轉換跑道成為體育記者，並被分派到國內足球線，自此與台灣足壇結下不解之緣。曾隨中華隊前往澳門、香港、廣州、深圳、神戶、沖繩、越南、澳洲、伊朗、約旦、巴林、汶萊採訪訓練及比賽，除報導外也用相機記錄歷史。二〇一八年有幸在凱基銀行董事長魏寶生的邀請下，採訪花蓮高農前往土耳其移訓的夢想足球之旅，內容收錄於本書第六章。

曾任中時電子報助理副總編輯，中華足協新聞聯絡人，麗台運動報記者。

現任中國時報體育組主任，緯來、FOX、Eleven Sports、博斯等體育台及華視特約足球講評，亞洲金球獎評選委員（體壇周報舉辦），中華民國體育記者協會理事。

講評經歷：二〇〇六、二〇一〇、二〇一四、二〇一八世足轉播講評，德甲足球聯賽轉播講評（二〇一〇年迄今），英超足球聯賽轉播講評（二〇一七年迄今），美足MLS轉播講評（二〇一六年迄今），台灣男足、女足聯賽與國家隊賽事轉播講評。

葉士弘

所學跟體育沒什麼關係，但從小就看體育賽事長大，對於人生未來發展茫然之際，就決定挑戰體育報導工作。有幸成為體育記者後，從四年一度瘋世界盃足球的鍵盤球迷，成為參與台灣足壇的報導者，伴隨著台灣足球過去十年的成長與飛躍，既覺得開心，更覺得責任重大。期許自己能繼續關注台灣足球發展之外，更希望讓台灣足球能獲得更多人關心與支持。感謝凱基銀行董事長魏寶生與弘斌的邀請，一起為台灣足球留下一點紀錄（參與本書足球俱樂部競技篇、草根足球章節），並期許未來。

曾任自由時報記者，中國時報記者。採訪二〇一二、二〇一六奧運，二〇一〇、二〇一四、二〇一八亞運，二〇〇九、二〇一三東亞運。

現任WOWSight共同創辦人，中華民國體育記者協會理事，教育部體育署台灣品牌國際賽事輔導團委員。

出版緣起

我的足球源與緣

凱基銀行董事長　魏寶生

先父煥章先生生於清朝，一生只唸一所學校，從天津南開私塾、南開中學到大學，與南開創辦人張伯苓先生情同父子！也因此我自幼從父親口述的故事與笑話中，他在南開的生活點滴，是一重點。父親個頭不高，不喜歡運動，卻精於票戲與相聲等文藝。每當父親上體育課踢足球時，他總是心不甘、情不願的被派任球門員，球來了他就頑皮地說：「請進？」事實上，當時參加遠東運動會的國家代表隊中，足球與籃球的主力球員多來自南開。亞洲足球王李惠堂的威名，常聽父親提到，李惠堂早已是我懂事以後，第一位崇拜的運動明星偶像（請參閱中國作家網：www.chinawriter.com.cn，文史——張伯苓的足球情）。

我小學五年級升六年級的暑假，班上轉學來了位台南縣佳里國小足球隊的當家中鋒陳逸動，我的導師江清順先生也愛踢足球，就以陳逸動為隊長，組成了台北市民生國小創校後的第一支足球隊，並禮聘當時在國賓飯店擔任經理的方德齡先生公餘擔任教練，指導我們踢球。方經理為台南鹽水旺族，熱衷足球，又疼愛我們這些小球員，我踢的位置正是中鋒逸動的左輔（左翼）。承蒙當時家長會長的贊助，短短七、八個月的集訓，我們報名參加台北市第三屆學童足球錦標賽，民國五十九年三月民生國小以初生之犢，拿到了銅牌，與台北市傳統的國小足球強隊日新及大同齊名，晉級參加鑽石盃全國學童足球賽，也幸運地再度榮獲銅牌。賽後的頒獎慶功宴是當時聯勤總司令蔣緯國將軍請小朋友吃西餐，這一連串的驚喜在我國小畢業時，留下了終生難忘的美好回憶！

之後的國中、高中與大學始終沒機會再成為足球校隊，還好我轉攻短跑，是師大附中的田徑隊、大專盃交通大學接力校隊，以及中央行政機關運動會財政部的大隊接力代表隊。至少維持了我一定的速度，不至於失去太多踢足球的動能！

六年多前，在關愛之家基金會汪其桐、達飛國際董事長李永輝、林身仁、王求是、前新光銀行吳國興、前聯合報副社長顏光佑與劉安懋、黃瓘傑學長等資深的附中足球隊校友號召之下，一九七〇年成立的師大附中校友流浪足球會重新組隊練球，並推舉名律師吳陵雲學長擔任領隊。昔日的創隊隊長莊友良，後來加入球隊開始學踢足球，出錢出力的佳集貿易創辦人胡正成學長，以及附中之友海英倫等熱愛足球的老中青球友逐漸歸隊，每週六上午二、三十位足球老頑童們在大直橋下的迎風足球場練球、比賽、球敘兼聚餐，重溫與足球的回憶與情緣！

二〇一七年十月承光佑學長的指導，我提出了「夢想足球」計畫，培育國內優秀的高中足球員旅外發展，加強高中足球的國際交流。期待未來有愈來愈多國內優秀年輕的足球員能成為國外職業足球隊的一員，延續他們的足球生涯，並帶動國內足球進一步的發展。「夢想足球」第一個活動，就是安排具有足球傳統歷史的國立花蓮高農足球隊赴土耳其南部的足球訓練基地安塔利亞（Antalya）受訓比賽。與志同道合的好友，精湊科技董事長廖國富及台灣產業用紡織品協會理事長羅忠祐的共同贊助之下，由前足協國際組職員，蔡志明經理擔任領隊，經由我國小與國中同學，時任中時電子報的資深知名體育記者熊昌成的推薦，邀請足球記者李弘斌隨隊採訪。在我駐土耳其代表處鄭泰祥大使與張智棠祕書的事先安排與全程照料之下，二〇一八年一月十九日至二十八日的土耳其移地受訓比賽順利完成，測試了台灣高中足球水準，與土耳其高中職業／業餘隊實力，相去不遠！當然啦，對以原住民為主的花農足球小將們而言，也見識到國際職業足球訓練的運作，他們心中的驚喜與茁壯，絕不亞於我小時候！

花農返國後，立即引起台灣足球隊長陳柏良與全國最大運動行銷公司，展逸國際企業董事長張憲銘的響應。經與本人多次會商，同意以陳柏良為名，成立公益信託陳柏良足球教育基金，凱基為受託保管銀行，以期在財務公開透明之下，全力支應推動台灣足球青訓的國際化。二〇一八年十一月更結合展逸 BE HEROES 的運動品牌訓練營，於十一月十六日至十八日在輔大足球場舉行了第一屆 BE HEROES 四校國際高中足球邀請賽。來自日本群馬縣利根高校、香港聖公會，與當年國內高中冠亞軍隊新北清水與台中惠文高中四校競技。Eleven

Sports 電視與 WOWSight 網路首次攜手全程現場直播，讓高中足球受到不少重視！比賽期間，為增加趣味性與啟發性，以附友流浪會五十歲以上的隊友為班底，分成紅白兩隊舉行三十分鐘的表演賽，邀請陳柏良及其國腳球友、足協理事長邱義仁、張憲銘、廖國富及何飛鵬等名人一起下場踢球同樂。也讓這四校的參賽球員體認到足球的樂趣與傳承！值得一提的是，當年帶領師大附中足球隊勇奪萬壽杯足球賽冠軍的教練曾柳源老師已逾八十高齡，仍到場督軍紅白表演賽，重溫了當年的盛況！

二〇一八年中華足球隊再度參加印尼雅加達舉行的亞洲運動會，距離我出生的一九五八年，當時中華足球隊第二度拿到亞運足球金牌，已有長達六十年之久的時間了！足球始終是全球觀眾與球員人數最多，最重要的運動項目。台灣過去六十年的足球發展與培育成果如何？未來台灣年輕優秀的青年球員有無機會像棒球一樣，往國外職業球團（會）深造發展，與國際接軌？似有必要全盤回顧與探討，提出未來發展的具體方案與建議。經洽詢採訪與評論國內外足球賽事多年的年輕專業足球記者李弘斌與葉士弘兩位，欣然接受我的邀請，合力捉刀撰寫《台灣足球60年》一書，另蒙我最敬重的附中學長何飛鵬社長及其編輯團隊支持，拔刀相助出版此書。特撰序說明出書原委，一併感謝弘斌、士弘與何學長以及友人們多年來的支持！

推薦序

承先啟後，邁向下一個六十年

中華足協理事長　邱義仁

非常高興看到《台灣足球60年》一書的出版，整理出許多台灣足球的寶貴史料，也讓我回想起那個為港腳、木蘭女足喝采的年代，還有成長時期南台灣足球風氣興盛，包括台南地區南友足球會的活躍，也讓我在就讀南一中時加入足球隊，享受草皮上追逐足球的美好時光，成為了一輩子的足球迷。

我曾隨飛馳足球隊到泰國曼谷參加壯年世界盃，看到這些退役國腳們，穿上胸口有國旗的球衣，在賽前高唱國歌的熱淚盈眶，深刻感受到那種為國爭光的榮譽感。我認識很多台灣老國腳都是瘋子，為足球奉獻了一輩子。有這些足球前輩的篳路藍縷，才有今天的台灣足球。看到他們已經一大把年紀，仍殷切希望台灣足球變得更好，更讓我非常感動，才會在二〇一八年回鍋參選中華足協理事長，希望貢獻一些力量來改善台灣足球的環境，交棒給下一代。

因此，在二〇一八年底上任理事長時，我做的第一件事，就是提升國家隊待遇、建立公平的出場費機制，希望讓所有國腳不必再過著代表隊集訓每天領四百元的日子，可以更有尊嚴的為國爭光。

為了提供球員更多工作機會，在劉世芳立委與眾多人士的奔走努力，與經濟部的支持下，促成中油公司在今年恢復成立足球隊，讓台灣除了台電之外，又多了一個照顧足球員的國營事業。而在長年欠缺企業奧援的女足，我們則爭取到桃園市長鄭文燦加入支持足球的行列，成立了桃園國際女足隊。足協也從今年開始，於木蘭女足聯賽輔導各隊聘請全職球員，給予更多保障。

我上任時承諾的「聯賽正常化」，今年男足也首度成立乙級聯賽，以落實與企業甲級足球聯賽的升降級制度，所有新球隊都要透過乙級聯賽取得資格，才能升上企甲聯賽。聯賽也與國際接軌，共有男足四隊、女足一隊於二〇一九年底完成亞足聯俱樂部認證，不僅取得未來代表台灣出征俱樂部國際賽的資格，也扮演起建立梯隊帶動基層的火車頭，為將來職業化預作準備。

足球是全球最多人參與、最受矚目的運動，但在受到疫情衝擊的二〇二〇年，台灣靠著全民防疫的出色表現，我國的男女足聯賽仍在四月照常開踢，足以為傲。足協也在體育署的全力支持下，於每輪聯賽的關鍵賽事提供英文轉播服務，讓全球球迷「Stay With Taiwan Football」，見證台灣足球與防疫成果。

中華足協今年也正式啟用註冊系統，雖然是過去從未有過的大工程，但我們相信這是台灣足球要邁向下一個六十年的必要工作。此外，我們也排除萬難舉辦青年聯賽，因為中學階段一直是台灣體育最容易受升學主義影響的一環，希望青年聯賽能讓球員有更多實戰經驗，培養出更多的「陳柏良接班人」。

「台灣隊長」陳柏良是台灣足球員旅外拚戰的典範，他希望激發更多新生代好手，夢想成為職業足球員並付諸行動，這與我們舉辦青年聯賽的目的不謀而合。而《台灣足球60年》一書的版稅將回饋到陳柏良足球公益信託，作為陳柏良舉辦菁英足球營、國際高中足球邀請賽所用，也是我們樂見的良性循環。

前 FIFA 主席布萊特曾經跟我說：「怎麼台灣這麼有錢的國家，足球卻這麼爛？」令我覺得很「歹勢」。不過看完本書，可以發現台灣足球發展之所以辛苦，與早年艱辛的國際局勢也有關係。願所有台灣足球人從過去一甲子學到經驗，一起努力，讓台灣足球在下一個六十年發光發熱。

作者序

六十年，來得正是時候

李弘斌

承蒙凱基銀行董事長魏寶生力邀，才有本書的問世。《台灣足球60年》一書設定以一九五八年為起點，也就是中華民國足球隊締造亞運男子足球比賽二連霸的一年。

大家未必知道的是，當時的中華民國男足代表隊，其實陣容以香港公民為主，諸如羅北、莫振華，與張子岱、張子慧兄弟等著名港腳，或許是老球迷才知道的名字。但即使不是足球迷的年輕人，對「阿叔」林尚義可能也不陌生。

沒錯，就是那位在港片「古惑仔」系列中，飾演莫文蔚父親的牧師，勸「山雞」陳小春信耶穌的片段令人莞爾，他就是一九五八年助中華隊衛冕亞運金牌的國腳之一，後來也成為香港最著名的足球講評。

原來港腳並不遠，就存在你我無意識切換的有線電視電影台頻道之中啊！

為了呈現這段歷史，有幸透過越洋電話，專訪到目前住在美國紐約法拉盛的羅北教練，除了聽他娓娓道來，更驚訝的是得知羅北球員時代於港甲的東方隊發跡，一九七一年掛靴後轉任教職，來台前帶的球隊為元朗足球會。而在二〇一九年，中華男足的後衛王睿加盟元朗，陳浩瑋則成為東方的一員！

台灣足球六十年，一甲子過去，台、港足球又有了巧妙的傳承與聯繫。而且二〇一九年六月的國際友誼賽，中華男足也打破五十二年在成年國際賽贏不了香港的魔咒，為「後港腳時代」的第一次。

而在二〇一八年雅加達巨港亞運，我國於相隔五十二年後再度派隊參加男子足球賽；曾經是亞洲霸主的中華女足，也在相隔二十年後，於本屆亞運重返四強之林，都是《台灣足球六十年》的絕佳題材。

當然，台灣足球的六十年，不是只有國家隊而已，感謝多年來一起致力於採訪足球新聞的好友葉士弘，協助撰寫俱樂部與草根足球的章節，讓本書內容更為完整，也要向所有受訪與提供珍貴照片素材的足球人致謝。

至於這六十年間，台灣如何從男足亞運二連霸、女足亞洲盃三連霸，變為大家口中的「足球沙漠」？又有多少人努力讓沙漠湧現綠洲，重新使足球的種子在逆境中發芽茁壯？且讓本書為您分說，一同期許露出曙光的台灣足球走向下一個六十年。

CONTENTS
目錄

CTFA
20
20

第一章・中華男足

一　輝煌港腳年代

一九五八亞運金牌二連霸、一九六七打入亞洲盃會內賽

中國古代即有以腳踢球的球戲，稱為「蹴鞠」或「蹋鞠」，可以追溯至兩千五百年前的戰國時代，曾記載在《戰國策・齊策》中。現代足球的玩法與規則，則在十九世紀由英國訂下，隨著香港因南京條約成為英國殖民地、上海成為通商口岸，於一八六〇年後逐漸傳入中國。

由於香港足球運動初期被洋人獨占，一九〇四年，由莫慶為首的華人學生創立了第一支華人球會「華人足球隊」，四年後更名為「南華足球會」。南華在中華民國現代足球發展史貢獻良多，從一九一三到一九二三年代表我國參加六屆遠東運動會，並從第二屆起完成五連霸。

南華作為香港足球史上最成功的球隊，除了戰果輝煌，由於成軍初期到處尋找有潛力的華人新秀，還在一九二二年香港學校「夏令營盃」足球賽中，發掘了當時才十七歲，後來被公認為「中國足球球王」的李惠堂。

中國球王李惠堂　球技、文采都傳奇

一九〇五年出生於香港大坑村的李惠堂，是我國足壇的傳奇人物。儘管父親希望他專心念書，被抓到去踢球或看球，甚至懲罰不給飯吃，李惠堂依然偷踢偷看。他十歲就能和甲組球員一起練球，十六歲就代表大坑村偷偷報名夏令營盃足賽，被南華看上，一九二三年代表南華參加香港第一屆甲組聯賽就拿下冠軍。

到抗日戰爭爆發之前，南華總共贏得九座港甲冠軍，李惠堂都有功勞。他在一九二五至三〇年樂群隊（隔年改名樂華），也讓上海足球風氣大開。此外，李惠堂從一九二三到一九三四年，代表我國參加四次遠東運動會，都帶回了冠軍錦標。

除了少用頭槌進球，李惠堂的射術非常全面，力道之強，常在二十、三十碼外遠射進球，甚至傳說他曾在場上踢死對方球員。李惠堂本人則澄清絕對沒有，自由球踢昏對手倒是有過。而在動漫中「射穿球網」的誇張情境，李惠堂在一九四一年代表南華隊遠征馬來西亞時，曾有單場射入七球的壯舉，其中一球還真的把球網射穿，腳頭可見一斑。

李惠堂以球員身分叱吒足壇二十五年，生涯進球數估計超過千球，可惜當時欠缺正式統計。除了球技過人，球王吟詩作對的文采也是一絕，強烈的愛國心更令人津津樂道。

在一九三六柏林與一九四八倫敦兩屆奧運會，李惠堂分別以球員、教練身分與會。他掛

一九七五年高齡七十一歲的球王李惠堂在台北住處接受專訪。過去李惠堂常往返港、台教球，原可在香港家中享受含飴弄孫之福，可是他覺得該為國家的足球運動多做點事，才隻身定居台北。（中國時報資料照片，黃紹川攝）

第三屆亞洲運動會
中華民國足球代表隊榮獲冠軍
全體職球員攝于東京
中華民國四十七年六月一日

後排 郭滿華 副隊長 何應芬 周少雄 何志坤 李國華 郭秋明 劉瑞華 羅國良 楊偉韜 副隊長 鄧森 劉添
中排 副教練 楊根保 教練 李惠堂 教練 張錦添 錢大鈞 總幹事 沈瑞慶 副教練 朱國倫 管理 曾境康 隊醫 廖偉
前排 羅北 陳輝洪 劉儀 郭錦光 隊長 姚卓然 劉建中 羅國泰 莫振華 郭有 黃志強 林尚義

上／羅北代表中華民國在一九五八東京亞運成功衛冕足球金牌，領隊張錦添將全隊合照裱框給選手留念。

下／一九五八年奪得東京亞運金牌的中華男足，回國後接受總統蔣中正召見。

靴後執教中華隊十八年，一九五〇年代兩面亞運金牌，都是在李惠堂領軍下所獲。他也擔任過亞足聯祕書長、副主席與國際足總副主席等要角，並奮力捍衛我國足球會籍。李惠堂六十八歲後於台北長住，舉辦教練講習傳授一身絕學，一九七九年七月四日才辭世於香港法國醫院，享年七十五歲。

一九五〇年代 亞運金牌二連霸

我國在國際足壇首次輝煌為一九一三到一九三四年的遠東運動會，除了首屆之外，其餘九屆賽事均由我國奪冠。曾任國際奧會委員、中華奧會主席的徐亨，還是第十屆遠運會的守門員。

國民政府來到台灣後，我國從一九五〇年代開始參加亞運會與亞洲盃，其中於一九五四、一九五八年兩屆亞運都奪得金牌，則是另一頁黃金歲月。不過當時台灣對足球還很陌生，日據時代的運動以棒球為主流，香港則是我國足球啟蒙時期風氣最盛的地區，當時中華隊國腳幾乎清一色為香港華僑，開啟了大約二十年的「港腳時代」。

一九五四年，中華隊在馬尼拉亞運男足決賽以五比二擊敗南韓，首度摘金，金牌班底中的「香港之寶」姚卓然、莫振華、劉儀、陳輝洪、何應芬、鄧森等六人，四年後再度出征東京亞運，衛冕陣容也包括了「阿叔」林尚義，以及堪稱與台灣足球淵源最深的港腳羅北。

「我雖然是香港華僑，但出來代表國家，很感動。」高齡八十八歲的羅北，於紐約住所聊到當年代表中華隊出征，球衣胸口繡有國旗的往事，情緒依然澎湃，「香港華僑是很愛國的，我們本來是該代表香港，但香港足總是英國轄下單位，中華民國才是祖國，自己人嘛！」

一九三二年出生的羅北綽號「大口北」，東京亞運是他第一次代表中華隊出征。回憶起在舊東京國立競技場對南韓的那場金牌戰，羅北笑說：「林尚義踢中後衛，但動作不好，還被趕出場。還好我們運氣好一點，反過來到延長賽才贏，十人拿冠軍。」

原來林尚義當時在空中爭頂時，故意去撞韓國中鋒的眼角，被紅牌罰下。但十打十一的中華隊仍以二比二逼入延長賽，最後由左翼莫振華吊給右翼黃志強頭槌破門，才讓中華隊以三比二衛冕成功。

羅北回憶，當時中華隊領隊是被喻為「球國總統」的沈瑞慶，把一干港腳帶來台灣的李惠堂則是總教練，奪金回國之後，全隊接受總統蔣中正的接見。

兩年後，以這批亞運金牌班底為主體的中華隊，在亞洲區資格賽先後淘汰泰、韓，打入一九六〇羅馬奧運。進入會內賽，中華隊於B組預賽首戰東道主，雖被義大利傳奇球星里瓦（Giovanni Rivera）攻入兩球，卻由莫振華射進我國在奧運會的歷史性首球（一九三六、一九四八採單淘汰制，均遭完封出局），以一比四落敗。

次役中華隊〇比五負巴西，最後一仗則由姚卓然獨中兩元，僅以二比三惜敗英國，三戰盡墨、進三球失十二球無緣四強，結束我國第三次，也是迄今最後一次奧運會內賽之旅。

政治打壓　亞運三連金夢碎

兩年後的雅加達亞運，理應是中華隊尋求男足三連霸的舞台。可惜事與願違，扼腕的是中華隊不是在場上輸球致使衛冕夢碎，而是敗給了國際政治。

一九六二年，「印尼國父」蘇卡諾（Sukarno）總統在蘇聯財務奧援下，蓋出當時亞洲最大的十萬人體育場，舉辦第四屆亞運。蘇卡諾信仰社會主義，對於反共的中華民國，以及伊斯蘭世界關係緊張的以色列並不友善，遲遲不肯發給中華代表團入境簽證與團員證。直到開幕當天，才由外交部長正式宣布拒絕我國和以色列參加亞運。

「印尼華僑叫我們不要去，不給我們去，怕危險。我們待在新加坡一週，印尼政府就是不給簽證。」羅北和中華代表團只能悵然而歸，遺憾的不只是無緣三連霸的男足隊，在羅馬奧運大放異彩、勇奪十項全能銀牌的「亞洲鐵人」楊傳廣，更失去了在亞運狂掃獎牌的機會。

上／羅北被認為是與中華民國淵源最深的港腳。

下／羅北與太座孫蓁目前住在美國紐約法拉盛。

一九六七亞洲盃東區預賽　轟動台灣

從雅加達亞運受阻，即可看出當時國際局勢的詭譎。一九七一年，港台也在壓力之下達成協議，停止再選拔香港公民代表中華民國出賽。然而在港腳時代結束之前，由香港華僑所組成的中華隊，仍留給老球迷一個轟動而難以忘懷的美好回憶，就是一九六七年的亞洲盃東區預賽。

一九六七年七月二十八日，五隊角逐的亞洲盃東區預賽在台北市立體育場揭開序幕，只有奪冠球隊能打入隔年的亞洲盃。當時可坐兩萬五千人的體育場場場爆滿，對日、韓的大戰更都擠入三萬多人，一百元的門票被炒到上千元。還有民眾因為買不到票，憤而砸爛售票處，八天十戰的門票收入破兩百萬，比足協預期多了三倍，堪稱台灣辦過最轟動的足球賽。

「我從來沒有在台灣看過足球比賽來了那麼多觀眾，進不了會場的，還用雲梯爬在觀眾席看。」羅北得意地說。

中華隊也沒讓爆滿的觀眾失望，首戰張子岱、張子慧兄弟就大發神威，攜手攻入五球，以九比〇狂勝菲律賓。次役中華隊三比二險勝印尼，接著更於終場前四分鐘、不可思議地由黃志強與林尚義連頂兩球，以二比二神奇逼和日本。最後一戰再靠林尚義替補上陣，於終場前十二分鐘踢開僵局，助中華隊以一比〇氣走南韓，藉淨勝球優勢氣走同為三勝一和的日本，昂首挺進亞洲盃會內賽。

「我爸爸當時買了四場聯票，場場去看。」多年後成為中華足協副祕書長的劉武雄回憶：「可是對日本剩最後五分鐘先走，結果兩球都沒看到，讓他氣得很。」

鐵衛羅北　帶出飛駝霸業

那也是時年三十六歲的羅北最後一次代表中華隊出賽，但他與台灣的緣分，並沒有因為港腳時代結束而畫下句點，甚至更加緊緊相繫。

一九七一年掛靴後，羅北先執教香港元朗隊，之後在香港光華隊的顏雄引薦下，來台執教飛駝足球隊十五年，締造了飛駝霸業，也執掌中華男足兵符。直到飛駝因國防部政策改變，不再外聘球員、教練，羅北才回到發跡的香港東方隊擔任技術顧問，一九九〇年與另一半、前省立體專田徑女將孫蓁移居紐約迄今。

然而，那段無懼壓力、堅持代表中華民國出賽的歷史，始終是羅北最驕傲的回憶。「在國際足總的施壓下，當時香港足總作梗，代表台灣出賽要坐球監，有一半球員不敢，但也有一半不管他們。」羅北笑說，當時他們都先穿便服，上飛機才換上繡有中華民國國旗的西裝。

二 港腳中止、局勢困難年代

一九七一至二十世紀結束

港腳時代中止，背後除了政治因素，台灣足壇也有男兒當自強的聲浪。畢竟一味依賴港腳，短期內固然可以保持國際賽成績，長遠來看卻也阻礙了本土足球的發展，必須做出抉擇。

一九七一年，我國除了派遣「末代港腳」出征默迪卡盃（即馬來西亞獨立盃），也選拔了一支全本土的「中華雄風隊」，赴韓角逐首屆「朴正熙盃」邀請賽。劉武雄就是第一代台灣「土腳」，還有羅仁里、尤政工等好手。

「終於不會矮人一截了！」綽號「怪咖」的劉武雄形容，代表中華隊的光榮讓他拚了老命，先對日本進了一球，打完南韓則已抽筋到坐不起來。「我連賽後合照都沒辦法去拍。」

而我國首次以純本土陣容角逐的國際大賽（含資格賽），則是一九七二慕尼黑奧運的男足資格賽，除了前一年朴正熙盃的班底，還選入趙振桂、黃憲信等六位新國腳。

結果中華隊在該屆亞洲區資格賽第一組以四戰盡墨、進一球失十九球墊底作收。不過對上日本之役，雖讓名將釜本

上／一九八三年中華男足訪印尼比賽，因國際局勢必須隱身化名，才能在球衣繡上國旗出賽，當時中華女足化名木蘭，男足則以自強為名。

下／一九七二慕尼黑奧運男足資格賽，新科國腳趙振桂對日本攻入台灣土腳在奧運資格賽的歷史性首顆進球。圖為二〇一九年趙振桂代表附中流浪參加慈善公益賽。

邦茂（日本國家隊進球紀錄保持人）上演「帽子戲法」，新科國腳趙振桂卻也攻入一球，成為台灣土腳在奧運資格賽進球的第一人。

港腳傳台腳　大羅帶小羅

一九七四年我國派隊參加泰后盃、越南國慶盃等國際邀請賽，新增陳忠順、周正宗、羅智聰、高文福等國腳。其中，當時年僅十六歲的羅智聰，後來在飛駝教頭羅北的麾下效力，兩人於飛駝和中華隊建立了深厚的師徒情誼，堪稱港腳傳承台灣土腳的典範。

「港腳中，我最懷念的就是羅北，他對我而言是亦師亦父的關係。」羅智聰回憶，當時羅北、羅仁里和他被稱為「飛駝三羅」。當時羅北受聯勤總部聘請，執教飛駝隊，按照規定必須寫聯勤的年度訓練計畫。「但一個香港人怎麼會寫這種計畫？就是我和陳昕、吳昭興協助羅北。足球方面跟他學到最多，他帶兵的方式很放任，不過也要球員本身有資質，很難找到像羅北這麼好的人。」

除了球員與教練的關係，羅智聰後來也在中華隊擔任羅北的助理教練，對進入「後港腳時代」的足壇局勢相當了解。羅智聰說：「雖然沒有港腳，但改用本土國腳後，青年階段的表現還不錯，當時我們亞青不輸日本（一九七四亞青U19錦標賽僅以〇比一負日）。如果留在亞洲踢，後來的發展有可能不一樣。」

羅智聰所說的「如果留在亞洲」，就是因為中共的排擠，讓我國一度得轉進到大洋洲足協的這段艱辛歷史。其實一九五〇年代在球王李惠堂的強力捍衛下，我國在一九五八至一九七三年間，並沒有足球會籍問題的困擾。直到一九七一年中共「取代」中華民國在聯合國的「中國代表權」，也開始致力於各種國際組織取代我國會籍，足球當然也不例外。

會籍遭取代　轉進大洋洲

一九七四年，中華民國在亞足聯的會籍被中共取代，中華足協隔年九月轉而向大洋洲足聯申請入會，並於一九七六年二月正式獲得承認，並以大洋洲會員的身分參加了一九七八世界盃亞大區資格賽。

該屆資格賽，中華隊與澳、紐分在第五小組，由羅北執掌兵符，先於斐濟和澳洲進行兩場較量，再到奧克蘭與紐西蘭踢兩場。羅智聰回憶，在斐濟對澳洲的第二戰，中華隊用持球對抗澳洲的長傳急攻，打得不差，還靠右翼黃憲信攻入我國在世界盃資格賽的歷史性首球。

「不過澳洲非常凶悍，角球攻防時，對手直接往周聰富的臉打下去！」羅智聰表示，對上有身高優勢的澳、紐真的難踢，對澳洲次役仍以一比二惜敗，最終四戰盡墨，只進一球卻失了十七球。

一九八〇莫斯科奧運資格賽，我國又因為名稱問題放棄參賽。兩岸角力多年的會籍爭議，直到一九八一年三月簽訂「洛桑協議」才塵埃落定。我國藉「奧會模式」保障了參加國際賽的資格，會籍卻得改為「中華台北」。對於當年角逐一九八二世界盃資格賽的國腳和教練們而言，都為無法穿著胸前有國旗的球衣而落寞。

「去大洋洲很辛苦，當時在紐西蘭比賽，要我們把國旗徽拔下來，改縫奧會LOGO。」羅智聰說。再次領軍出征世足資格賽的羅北也坦承不喜歡「中華台北」之名，「可是不行啊，不改就不給參加。不過在我心裡，我始終是代表中華民國的。」

國旗被拔　激出最佳演出

或許正是這種悲壯的氛圍，讓中華隊踢出在歷屆世足資格賽的最佳成績。雖然戰績一勝三和四負，僅獲小組第四，無緣晉級，但八戰僅失八球，也攻入了五顆進球。其中包括靠杜登乾與羅智聰的進球，以二比〇擊敗印尼，杜登乾對澳洲更是梅開二度，讓中華隊僅以二比三小負，張國基對斐濟也貢獻一球。

然而再到下一屆的世足資格賽，在一九七四年因政治因素被擠出亞足聯的以色列，也到大洋洲區來湊熱鬧，中華隊更難競爭，面對澳、紐、以的六場資格賽共丟三十六球，整屆僅由陳信安對紐西蘭攻入一球。

台灣因為兩岸的會籍問題而避走大洋洲足聯，然而前後待了約十五年時間，對我足球發

上／一九七四年六月國際足總在德國法蘭克福召開大會，科威特提案排除中華民國會籍，球王李惠堂代表我國出席嚴詞駁斥，獲各國支持否決科威特提案，圖為李惠堂完成任務返抵國門時接受熱烈歡迎。（中國時報資料照片）

下／羅智聰非常感謝恩師羅北在飛駝與中華隊的照顧與指導，圖為羅智聰二〇二〇年擔任企甲聯賽台灣鋼鐵隊總教練。

展實無助益。羅智聰無奈地說：「去大洋洲比賽，我們對上其他小國家還可以。但澳、紐有身高打長傳急攻，就不好踢，對手還有同樣面臨國際因素的以色列。」

就成績面，遭遇體型、力量有壓倒性優勢的澳、紐，我國毫無勝算，遑論還來了實力不俗的以色列；就內容而言，打力量型的澳、紐對中華隊幫助不大，而當時大洋洲的國家隊並不多，且因距離太遠參賽不易。中華隊難覓合適的國際賽對手，實力也停滯不前。

物換星移　重返亞洲已難競爭

一九八九年五月，我國向國際足總申請重返亞足聯，同年七月獲得執委會同意，得以在相隔十五年後重回亞足聯懷抱，卻已今非昔比。包括一九七二年退賽與轉進大洋洲期間，中華男足總共錯過了五屆亞洲盃。當其他國家透過這些激烈競爭的國際賽，戰力蒸蒸日上之際，有志難伸的台灣只能困守大洋洲（大洋洲國家盃直到一九九六年才開始成為常態）。在長期欠缺「經驗值」的情況下，回到亞洲的中華男足已難與他國爭雄。

相較於同一時期有亞洲盃三連霸踢出聲勢，並舉辦「世界女足邀請賽」維持人氣的中華木蘭女足（詳見中華女足篇），欠缺成績的男足陷入惡性循環。即使在一九九〇年舉辦中華盃國際男足邀請賽，並趁一九九一年慶祝中山足球場落成，由台北市政府舉辦「城市盃國際男足邀請賽」，都以慘賠作收。後來甚至連世界盃、奧運、亞洲盃資格賽，足協都因阮囊羞澀而放棄主場，讓國際賽在台灣幾乎絕跡。

眼看一九九〇年開打的中華職棒愈打愈熱鬧，在假球賭害爆發之前，台灣甚至有過兩個職棒聯盟同時存在的盛況，棒球的「國球」寶座益發不可動搖，一九九〇年代的台灣足球卻是每況愈下。儘管中間有許多優秀的足球人努力不懈，也無法挽回台灣逐漸淪為「足球沙漠」的困境。

三　五人制足球

台灣大事件，二〇〇四年辦世界盃

二〇〇二年，世界盃足球賽擴軍為三十二強並首次落腳亞洲，由南韓與日本合辦，不過台灣還是只能當觀眾。中華男足在世界盃亞洲區資格賽首輪與烏茲別克、土庫曼、約旦同組，最終以六戰盡墨、〇進球失二十五球的成績在小組墊底。

然而，另一個由國際足總（FIFA）舉辦的世界盃，台灣卻得以躬逢其盛。二〇〇三年 FIFA 於瑞士蘇黎世總部召開執委會，正式決議由台灣取得二〇〇四年第五屆五人制世界錦標賽主辦權（該賽事次屆二〇〇八年起開始使用「五人制世界盃 Futsal World Cup」名稱迄今），擊敗澳洲、埃及、巴林、伊朗、泰國、巴拉圭等競爭者，為我國第一次，也是迄今唯一一次舉辦直屬 FIFA 的世界級大賽。

儘管統一稱呼五人制足球的官方名稱 Futsal，意為西班牙與葡萄牙文中的「室內足球」，直到一九八五年才正式確認，這項運動卻早在一九三〇年便於烏拉圭啟蒙，在南美廣受歡迎，也有很多十一人制足球明星曾經涉獵這個場地較小、比賽人數五打五、更強調細膩控球技術的運動。

上／「鬥牛士」西班牙隊在台大體育館舉起五人制世界盃冠軍。

左／二〇〇四 台北五人制世界盃冠軍獎盃。

下／國際足總主席布萊特在 二〇〇四 年來台主持五人制世界盃記者會。

五人制世界盃 一九八九年開辦

FIFA從一九八九年開始舉辦五人制世界盃，首屆選於風氣興盛的荷蘭，次屆一九九二年起隔四年舉辦。且不同於十一人制世界盃，原本都在足球大國舉辦，FIFA有計畫地利用五人制足球進入門檻較低、推展容易的特點，以幫助足球較不興盛的國家，二〇〇〇年由瓜地馬拉舉辦五人制世界盃。

在時任中華足協祕書長張展維大力爭取，與體委會的全力支持下，台灣於二〇〇三年一月中擠入第五屆五人制世界盃申辦國的候選名單，三月正式雀屏中選。除了延續前屆選擇瓜地馬拉的推廣政策，也符合當時FIFA開發亞洲市場的策略，從二〇〇一年的洲際國家盃（或譯聯合會盃）、二〇〇二韓日世界盃、二〇〇三年的世青賽與世界盃女足賽，都在亞洲舉辦。

而對台灣來說，男足在競爭激烈的十一人制足球領域多年挨打，亞洲起步不久的五人制足球或許是快速取得成績的巧門。二〇〇一年首次派隊出征伊朗德黑蘭角逐五人制亞錦賽，初試啼聲就以七比三擊敗新加坡。二〇〇三年三月取得世界盃主辦權後，該年夏天便首度打入亞錦賽八強，頗受鼓舞。

台灣因為主辦五人制世界盃，直接以地主身分取得參賽權，被喻為「台灣五人制之父」

的比利時教頭克拉本（Damien Knabben）執掌兵符，十四名國腳主要來自北投清江、大同公司與銘傳大學三大體系，包括有十一人制資深國腳陳琨山、「光頭」王吉成、「老鷹」張仟綮、「小老虎」曾台霖、曾獲大專運動會乙組百米短跑金牌的張福祥等。

FIFA主席來台 陳水扁宣布開幕

二〇〇四年十一月二十一日，時任總統陳水扁在台大體育館的開幕典禮，宣布第五屆五人制世界盃於台灣開踢。時任FIFA主席布萊特（Sepp Blatter）也來台共襄盛舉，並於隔天正式到總統府拜會，堪稱我國歷來足球外交的最高層級。賽事並在全球一二一個國家轉播，估計有六千萬人觀看，也的確讓世界「看到台灣」。

該屆五人制世界盃為最後一屆採十六強規模（次屆擴軍為二十強），全部四十場比賽在台大體育館與林口國立體院體育館（現國立體大）進行。中華隊雖然得以與會，但實力與世界五人制強權仍有明顯落差，首戰先以〇比十二不敵埃及，次役則以〇比十輸給衛冕者西班牙。

中華隊十一月二十五日在A組預賽最後一役遭遇烏克蘭。儘管理論上仍有與烏克蘭、埃及同獲一勝二負戰績，但因前兩戰失球過多，晉級八強實已無望。不過中華隊仍在主場觀眾面前奮力一搏，在〇比二落後下，第十五分鐘「黃金左腳」陳嘉和遠射破門，攻入台灣在世

10
FIFA
FUTSAL WORLD CHAMPIONSHIP
MasterCard

右上／二〇〇四年，總統陳水扁與國際足總布萊特在開幕典禮致詞。

右下／中華足協秘書長張展維（中）為我國取得五人制世界盃主辦權的關鍵推手。

上　／中華五人制世界盃代表隊於賽前合照。

下　／比利時籍教頭克拉本是台灣推展五人制的重要推手，也在世界盃擔任中華隊總教練。

界盃的歷史性進球，下半場換張仟縈攻入一球。

陳嘉和、張仟縈　歷史性進球

儘管最終中華隊以二比七不敵烏克蘭，三戰盡墨遭到淘汰，總算也在五人制世界盃留下兩顆進球紀錄，沒有空手而回。

「很幸運能參與那次比賽，」主將曾台霖回憶說：「那時有很多觀眾，雖然大多都是學校動員，但也因那次比賽後，有好多球迷聯絡我，提到那是他們第一次看足球比賽，因為那一次愛上足球。我到現在還覺得很欣慰。雖然每場都輸球，但能讓一些人喜歡上足球，這比任何事情都有價值。」

該屆比賽最終由西班牙在冠軍戰二比一擊敗義大利，衛冕成功，不過對看過比賽的台灣足球迷而言，印象最深刻者莫過於巴西球星法考（Falcão），當時甚至在快攻中以華麗無比的「彩虹踢」（rainbow kick）過人進球，最終以十三顆進球包辦金靴、金球兩項個人大獎，巴西則獲得季軍。

辦了世界盃　台灣足球沒起飛

然而，舉辦五人制世界盃並未能如足壇期望一般，帶起台灣的足運。儘管就賽事規格等各方面來說，這絕對是台灣體壇歷來舉辦過的頂級單項國際大賽，但媒體對這項賽事的興致並不高。最多電子媒體殺到現場的一次，竟是中華隊預賽次役遭遇衛冕者西班牙時，踢到下半場台大體育館突然跳電，使比賽被迫中斷四十五分鐘，電視台才派出SNG車，不受青睞的程度可見一斑。

國內媒體不捧場，除了新聞判斷，轉播收視率低也是原因。加上購票進場的觀眾總人數為五〇九二三人，於歷屆賽事僅略高於一九九二年香港主辦的五〇三〇〇人，也顯示台灣觀眾對五人制足球的接受度仍有待開發。

推展方面，時任台北市長馬英九曾喊出要用五人制足球扎根基層，也的確大力推展。不過五人制雖有組隊門檻低的優勢，場地建置卻不如想像中容易。儘管國內基層學校都有體育館，空間卻大多只能放下籃球場，而標準的室內五人制足球需要手球場的大小，真要深入校園也有困難。

五人制也競爭　世界盃只能追憶

另一方面，FIFA雖也力推五人制足球，但十一人制仍是主流。連被視為籃球配菜的三對三鬥牛，二〇一八年都成為雅加達巨港亞運的正式比賽，五人制足球卻始終沒能躋身亞奧運項目。在亞洲能舉辦五人制足球的綜合性運動賽會，最高層級也僅是「亞洲室內暨武藝運動會」。

當然，台灣仍有不少辛勤耕耘五人制足球的園丁，如張展維、張兆祿兄弟。張仟縈等多名五人制世界盃國腳，後來也有機會到對岸參加珠三角五人制超級聯賽，中華足協則常態舉辦五人制足賽及組訓五人制代表隊。

「世界盃的那顆進球，當然還記得啊。」踢完二〇一八年亞錦賽後，轉任五人制國家隊教練的張仟縈坦承，台灣目前距離五人制世界盃太遠，得先從踢好亞錦賽開始。「但如果有天成功（重返世界盃），對台灣而言，將是推動足球非常重要的時刻，也會讓各階層的教練、球員有更堅定的目標。」

在亞洲各國多已配套發展的情況下，五人制不再是台灣爭取佳績的巧門。以二〇一六年五人制世界盃為例，亞洲區五張門票由該年亞錦賽決定。而該屆亞錦賽從資格賽算起，共有二十九個國家或地區參與，競爭激烈。台灣曾經參與過世界盃的歷史，終究只能追憶了。

四 旅外啟動 世界排名創新高

二〇〇五年底，中華足協與日本足協（ＪＦＡ）合作，由ＪＦＡ派遣教練來協助台灣足球發展，開啟國家隊長期聘任外籍教練的模式。首任教練就是曾執教早稻田大學的今井敏明，帶領中華男足參與二〇〇六年春天展開的二〇〇七亞洲盃資格賽。

作為全職國家隊教頭，今井敏明在戰術上引進當時已是國際主流的平行後衛，台灣本土教練過去長年使用的「掃把腳」走入歷史，並以半場攻防模擬演練提升訓練效率。而原本擔任國家隊掃把腳的台電後衛鄭勇仁，則被今井改造為防守中場，更大程度發揮其強悍的破壞力。

沒有派系和包袱，今井也大量啟用年輕新秀，包括將當時年僅十七歲，還在念中正高工的陳柏良直接拉上國家隊，甚至在亞洲盃資格賽首戰伊朗就排進先發。這個無比大膽的舉動，的確催生出後來的「台灣一哥」陳柏良，被認為是明智決定。

而該屆的亞洲盃，則是破天荒從資格賽就開始採取主客兩回合賽制。就球迷觀賽角度而言，中華隊的籤運則是滿分中的滿分，竟與二〇〇六年也要踢德國世足賽的南韓、伊朗分到B組。儘管要以分組前二晉級是「不可能的任務」，至少台灣觀眾有機會在主場一睹世足球星手采，球員也有跟頂尖巨星較量的機會。

亞洲盃資格賽　空前貴客訪台

系列賽時，中華隊先於客場對伊朗、主場對敘利亞，均以〇比四落敗。但世界盃結束後才是重頭戲，在八月十六日的主場比賽，客隊「太極虎」南韓竟然帶著安貞桓、李天秀、朴主永、宋鐘國等十四位世足國腳登台，球星知名度、身價與陣容之完整，堪稱台灣足球歷來之最。

識貨的寶島粉絲當然也沒錯過，比賽當天，中山足球場湧入近萬觀眾，停車場大排長龍。畢竟可以免費看這種世足卡司的比賽（不賣門票），大概也是另類的「台灣奇蹟」了！在近萬球迷加持下，中華隊表現也不差，門神呂昆錡屢屢救險，最後被安貞桓、鄭助國、金斗炫各進一球，於主場〇比三見負。

十月十一日高潮再起，台灣主場迎來另一支世足勁旅伊朗。球星知名度對台灣球迷而言，或許沒有南韓那麼高，卻來了卡里米（Ali Karimi）、馬達維基亞（Mehdi Mahdavikia）兩位「亞洲足球先生」。

然而，當時長期作為國家隊主場的中山足球場，卻出租成為莫斯科大馬戲團的表演場地，使得這場迎來兩位亞洲足球先生的精彩好戲，只能安排在尚未改建的台北田徑場舉行。觀眾不太捧場，中華隊則被當時效力於德甲豪門拜仁慕尼黑的卡里米在上下半場各進一球，以〇比二落敗。

該屆亞洲盃資格賽，中華隊最終以六戰盡墨、零進球失二十四球作收。在嘗試新的平行後衛打法下，除了客場對南韓丟了八球，失球數還不算離譜。儘管後衛出身的今井在進攻上較欠突破之道是個問題，但面對同組南韓、伊朗這樣的強權，贏不了球倒也在預料之中。

強隊嫌煩　挑戰盃扼殺台灣福利

本屆亞洲盃資格賽的最大收穫，應該是亞足聯一改以往資格賽就是挑兩地打兩個循環賽，且地點通常是傳統強隊主場的作法。新的全面主客場制讓實力較弱國家的民眾有機會一睹強隊丰采，卻也造成強隊反彈，認為舟車勞頓去踢這種比賽沒有意義。

在這種情況下，亞足聯為了保護強隊，開始將亞洲國際賽分級，從二〇〇六年開始創立「亞足聯挑戰盃」（AFC Challenge Cup）。美其名是透過分級，讓排名中後段國家可以踢更多實力相近的比賽，但後來變成踢挑戰盃的國家不能踢亞洲盃，只有冠軍隊才能參加亞洲盃的「外卡賽」，實質是剝奪了更多弱隊遭遇強隊、吸引球迷行銷足球的機會了。

上　／二〇〇六年亞洲盃資格賽作客伊朗首都德黑蘭，中華隊長鄭勇仁（左）與伊朗傳奇前鋒阿里代伊（右）賽前先禮後兵。

下　／中華隊門神呂昆錡在德黑蘭阻止伊朗攻門。

左上／二〇〇七年十月中華男足主場對烏茲別克的世足資格賽先發十一人。

左下／二〇〇七年中華男足在奧運資格賽主場對陣澳洲，不過賽事屬於U23層級，非成年國際賽。

尤有甚者，連二〇一〇南非世足賽的亞洲區資格賽，也變成除了亞洲世界排名前五的強隊直進第三輪，其餘六至二十四名隊伍直接抽籤對決二十五至四十三名，以主客兩回合淘汰賽進行殘酷的強弱對話，弱隊進入第二輪小組賽的機率大減。

中華隊在該屆的世足資格賽（二〇〇七年十月進行），就是被亞洲排名第七的烏茲別克以兩回合總比分十一比〇痛宰淘汰。今井也在二〇〇七年底合約到期後卸任。儘管今井兩年執教的成績不算出色，中華男足的世界排名仍在二〇〇六年八月創下一四四名新高，直到二〇一七年底才被改寫。

至於亞足聯挑戰盃總共辦了五屆，中華隊最佳成績是首屆未設資格賽、採十六強規模時，於小組賽勝菲律賓、踢平阿富汗與印度，挺進八強才以〇比三遭斯里蘭卡淘汰。其餘四屆改為八強規模，中華隊則都於資格賽落馬。

國際賽分級　中華隊無緣戰強權

挑戰盃直到二〇一四年辦完最後一屆，才因為亞洲盃從十六強擴軍為二十四強，整個資格賽制大幅變動並結合世足資格賽，才正式退場。也讓中華隊從二〇〇六年十月亞洲盃資格賽戰伊朗，到二〇一五年九月於世足資格賽對伊拉克之前，近九年時間僅碰過百名內的隊伍一次，為二〇一二年底東亞盃第二輪對澳洲，還是拜澳洲受邀參賽所賜。

這段時間，中華隊的正式國際賽欠缺重磅對手，難以讓球迷興奮，比較有感的戰場反而是於二〇〇三年開辦，原則上兩年一度的東亞足球錦標賽（二〇一三年起改名為東亞盃），至少對手還是鄰近的東亞國家，還有機會對決打入二〇一〇世足賽的北韓。不過八屆賽事踢下來，中華始終沒拿到過唯一一張晉級四強決賽的門票。

欠缺重磅賽事，中華足協理事長盧崑山為了增加球員的國際賽機會，也趁著高雄為二〇〇九世界運動會興建可容納四萬多人的國家體育場，於二〇一〇年開辦「龍騰盃」國際邀請賽，參賽隊伍則邀來鄰近的香港、澳門與菲律賓。

可惜龍騰盃舉辦了兩屆，台灣沒能如願留下冠軍盃。二〇一〇年首屆香港派來準備出征廣州亞運的U23代表隊，最後一戰對上中華隊，中華隊獲勝才能奪冠，上半場也靠羅志安破門領先。未料後衛陳善富下半場在禁區內犯規，讓港隊盧均宜罰進十二碼球，一比一踢平中華隊抱走冠軍。

次年中華隊甚至請來南韓教頭李泰昊執教，最後一役與同為一勝一和的香港爭冠，卻不幸以〇比六慘敗，只以第三名作收。二〇一二年龍騰盃就改由菲律賓和平盃取代，舉辦三屆，中華隊二亞一殿。

陳柏良（右一）在法籍教練田凱威（左二）引薦下加入中甲深圳紅鑽，與北京八喜的陳浩瑋（左一）、溫智豪（右二）組成的「旅中三劍客」，成為中華隊重要骨幹。

上／二〇一五年，中華男足客場二比〇擊退汶萊，晉級世足資格賽小組賽，賽後全隊在場中圍圈跳舞慶祝。

下／二〇一五年中華男足世足資格賽主場對泰國，球員賽後感謝台北田徑場的球迷。

貴公子登場　引爆台灣足球人氣

正式比賽沒大咖，自辦也與冠軍擦身而過，在這種情況下，台灣主場比賽往往需要一些特殊的時空條件才能爆出人潮。二〇一一年七月三日在台北田徑場對馬來西亞的世足資格賽，就成了引爆台灣足球人氣的經典一役。

二〇一四巴西世足亞洲區資格賽，賽制再改為中華隊必須先通過兩輪淘汰賽考驗，才能進入到二十強小組賽，這次首輪對手碰上前一年才贏得東南亞足球錦標賽「鈴木盃」冠軍的馬來西亞。

其實大馬對台灣足球迷的吸引力不大，七月三日能有一五三三五人湧入台北田徑場，主要是台、法混血兒，「足球貴公子」陳昌源（Xavier Chen）的號召力，這位外型酷似藝人費翔的比利時職業足球員，甚至吸引到不少非足球迷，希望一睹他的丰采。

主客兩回合的系列賽六月二十九日先於吉隆坡登場，陳昌源因為手續問題沒能趕上是役，不過一度以〇比二落後的中華隊，靠隊長陳柏良在下半場攻入寶貴的「客場進球」，僅以一比二小負，也保住回主場翻盤的希望。

次役陳昌源上演中華隊處女秀，入場觀眾創下台足近二十年來的最高紀錄。比賽過程也高潮迭起，由於門神呂昆錡膝傷缺陣，中華隊上半場就被大馬踢進兩記直接自由球，因而陷入苦戰，但張涵先回敬一球，再接獲陳柏良妙傳製造對手禁區內犯規，陳柏良操刀主罰中的，上半場戰成二平。

由於大馬已經取得兩顆客場進球，表示中華隊至少要搶到四比二才能晉級。神勇的陳柏良在第六十二分鐘掙得十二碼球，二度主罰卻被門將撲掉，第七十五分鐘他又製造另一個十二碼球，總教練羅智聰指派陳昌源操刀，足球貴公子冷靜踢進右上死角，讓主場觀眾陷入瘋狂。只可惜，讓台灣晉級的第四球始終沒有出現，中華隊以三比二贏下主場，卻輸掉了系列賽。

旅外、歸化　中華男足翻開新頁

其實中華隊能贏大馬並非偶然，從呂昆錡、陳柏良這一代崛起的中生代漸趨成熟，陳柏良先前進香港再登陸深圳，開啟了台灣球員的旅外職足之路。舉辦龍騰盃雖未達成冠留台灣的目標，二〇一一年那屆卻也讓北京八喜意外看上了陳浩瑋，帶動了新世代的登陸風潮，隨後台灣一度同時有將近兩位數的好手效力對岸職足球隊，藉此彌補本身沒有職業聯賽的缺陷，提升了國家隊戰力。

另一方面，陳昌源也成為混血好手效力中華隊的濫觴。二〇一四年底東亞盃第二輪在台北舉行，來自土耳其的「台灣女婿」朱恩樂成為我國首位歸化國腳，更後來又有台灣、西班牙混血後衛殷亞吉助陣，為中華男足增添了前所未見的國際色彩。

本土出得去，混血、歸化進得來，中華男足脫胎換骨，在二〇一五年春展開新一階段的世界盃資格賽時，台灣足球似乎準備起飛了！

逆轉勝汶萊　國際賽沒掉隊

二〇一八俄羅斯世足亞洲區資格賽，中華男足由台電教頭陳貴人領軍，首輪必須先與汶萊進行主客兩回合對決，勝出才能晉級四十強小組賽。中華隊此時已有「旅中三劍客」陳柏良、陳浩瑋、溫智豪，吳俊青、陳威全、陳昭安、柯昱廷也隸屬對岸職足隊，國際好手有歸化的朱恩樂，陳昌源也重返國家隊，陣容堪稱一時之選。

二〇一五年三月十二日中華隊首回合在高雄迎戰汶萊，儘管陳昌源因腿傷缺陣，中華隊仍被看好於主場奪勝。未料門將邱育宏一次處理高球失誤，讓汶萊以一比〇偷走勝利，壓力全部轉到中華隊身上。

若能晉級四十強小組賽，代表中華隊接下來十個月內將有十場正式國際賽洗禮，包括五場主場比賽，將是帶起國內足運的重要時刻。反之，若倒在汶萊的第一關，台灣接下來十個月將成為國際賽的棄嬰，五天後的南征將決定台灣足球的命運。

幸好中華隊挺住了，開賽第三十七分鐘，「帶刀後衛」王睿抓住角球機會首開紀錄，第五十二分鐘，陳浩瑋右路吊中，助攻朱恩樂頭槌破門，中華男足客場二比〇攻陷汶萊，也以總比分二比一逆轉勝出，挺進世足亞洲區資格賽四十強。

晉級後的中華隊籤運也不錯，雖然種子隊伊拉克不是令國人興奮的強隊，但在F組的其餘三隊，包括越南、泰國、印尼，全都是國內移工眾多的國家，觀眾席肯定熱鬧。只可惜實力上中華隊最有機會一搏的印尼，因政治干預足協運作遭國際足總停權，讓F組最終僅有四隊廝殺。

中華隊首戰在台北田徑場迎戰泰國，由於上半場就失掉兩球，以〇比二落敗，但這場失利卻促成重要契機。因為當時台灣的足球賽並不售票，除了四千張免費票保留給客隊泰國，其餘門票全被索取一空，最終一八一六八人入場，雖破了紀錄，可以容納兩萬人的台北田徑場卻沒滿座。

兩萬人滿座　台越戰開啟售票之路

連中華隊的球員和教練都反映能保留給親友的票太少，結果門票被索取光了，球場卻沒坐滿，顯示免費索票的人不一定會來，可能浪費位置，但台灣足球國際賽的門票絕對有「賣點」。這個議題連立委都召開公聽會關切，足協代理事長劉福財也宣布九月八日主場對越南之役採取售票制度。

結果台越之戰兩萬張門票銷售一空，破天荒擠滿台北田徑場。儘管可能有過半門票是被越南觀眾搶走，讓現場客隊聲勢足可與主隊分庭抗禮，售票機制仍有改進空間，但台灣足球比賽沒票房，不能賣票只能給人看免費的迷思，就此走入歷史。

比賽則是精彩又有些可惜，中華隊上半場與越南〇比〇僵持不下，第五十三分鐘被對手藉角球攻擊先馳得點，但中華隊竭力反撲，第八十二分鐘，陳昌源開出右前場自由球，助攻吳俊青頭槌破門扳平。眼看中華隊大有逆轉之勢，補時階段卻被越南在亂軍中見縫插針，回防的左後衛陳毅維因腳步踉蹌沒能及時解圍，讓越南以二比一帶走三分。

中華男足在本屆世足亞洲區第二輪資格賽，最終仍以六戰盡墨作收，但過程的確有不少亮點。原本在國際賽只能力求減少失球的中華隊，六場比賽總共攻入五球，而且三場客場都留下進球紀錄，實屬不易。

尤其是在曼谷拉加曼加拉體育場逾四萬球迷面前，對陣泰國的客場戰役更是精彩，混血後衛殷亞吉開賽不到三分鐘就抓住角球機會，率先頂開主隊大門。儘管後來泰國以二比一反超，第六十五分鐘黃楷峻竟然還替中華隊扳成二平，都是中華隊過去罕見的攻擊力。

有進步但缺火候　陳貴人交出兵符

然而，是役中華隊仍以二比四不敵泰國，而系列賽最後一戰作客河內，吳俊青也在開賽七分鐘率先攻破越南大門，中華隊仍遭主隊四比一逆轉。顯示中華隊有進步，能踢出好球，卻還沒達到穩定輸出並足以拿下勝利的火候，陳貴人也在系列賽結束後交出兵符。

從二〇一五年起，世足亞洲區資格賽與亞洲盃資格賽相互結合，中華男足在世足資格賽出局，二〇一六年轉於亞洲盃資格附加賽力爭上游。足協請回今井敏明執教，首輪兩回合二比四不敵柬埔寨，所幸次輪對上東帝汶，主客兩回合都以二比一獲勝，殺入亞洲盃資格賽第三輪的二十四強小組賽。

未料足協這次與今井的合作多所摩擦，竟在主場擊敗東帝汶、順利晉級的隔天，以「完成階段性任務」閃電解聘今井，結束僅五個多月的賓主關係。

今井的繼任者，是原本擔任足協青年發展部門的日籍總監黑田和生，二〇一六年底先帶領中華隊出征香港東亞盃第二輪賽事，二〇一七年的任務則是亞洲盃資格賽與台北世大運，但已高齡六十八歲的黑田在世大運前身體就出狀況，迫使中華男足必須在世大運後尋找新舵手。

打不贏關島　請來幕後推手

此時應該說一下台灣足球與關島的競合關係。

關島是美國屬地，人口不到二十萬人，足球實力自然不強。二〇〇五年春，台灣主辦東

二〇一五年世足資格賽主場對越南之戰首次售票，穿著紅色服裝的越南球迷瘋狂搶票，氣勢幾乎與中華隊分庭抗禮，兩萬人擠爆台北田徑場。

亞盃預賽，中華男足甚至在中山足球場以九比〇痛宰關島。但從二〇一二年起，關島開始有計畫地招募有關島血統的美國球員，最有名者就是效力過MLS洛杉磯銀河隊的後衛德拉加薩（A.J. DeLaGarza），也逐漸在國際賽進逼中華隊。

二〇一二年底在香港舉行的東亞盃第二輪賽事，中華隊直到補時階段才靠羅志安破門，以一比一保住對關島的不敗紀錄。但二〇一四年亞足聯挑戰盃資格賽，由於賽事和大專聯賽撞期，中華隊只能以無大專國腳的陣容出征緬甸，最後一役竟以〇比三首次敗給關島。

而在二〇一四年十一月的東亞盃第二輪，擁有主場優勢的中華隊又以一比二不敵關島。而帶領關島起飛的關鍵舵手，就是英籍教頭蓋瑞懷特（Gary White）。二〇一四年挑戰盃見證懷特功力的中華男足領隊林湧成，後來成為中華足協理事長，於二〇一七年九月正式聘任懷特執教中華隊。

「中華隊的球員非常有潛力，我仍然相信我們可以晉級明年的亞洲盃。」懷特在記者會上說：「我要讓中華隊踢出性感（sexy）、令人興奮的足球，因為每個人只要能夠展現自己的能力，就很性感。如何把中華隊整合起來，讓球員發揮他們的潛力，這就是我的工作。」

雙十逆轉巴林　神奇名號不脛而走

懷特的任務是拿到二〇一九亞洲盃門票，他上任時中華隊戰績一勝二負，雖然該年六月曾在客場二比一戰勝新加坡，但系列賽首戰主場一比三不敵土庫曼，成為沉重負擔，九月初更甫在客場遭巴林五比〇血洗。而懷特執掌兵符的首場正式比賽，就是主場對決巴林。短短四十天遭遇同一對手，要能夠扭轉乾坤，進而搶E組前兩名晉級，像是場「不可能的任務」。

懷特十月五日先安排了對蒙古的友誼賽，中華隊以四比二獲勝拉抬士氣。五天後雙十國慶，台北田徑場更變成神奇之夜，中華男足以〇比一落後到終場前，踢完此役將掛靴引退的陳昌源，竟用受傷的左腳送出漂亮傳中，助攻陳柏良破門扳平，補時階段陳浩瑋左路吊中助攻朱恩樂頭槌破網，讓世界排名一五一的中華隊以二比一逆轉氣走一一八名的巴林，不但報了客場慘敗之仇，前進亞洲盃也重燃希望。

可惜中華隊終究沒能完成自一九六八年以來首度打入亞洲盃的目標，十一月十四日作客土庫曼，至少不輸才能保住晉級希望。難敵主場優勢的中華隊以一比二飲恨，只能眼看巴林、土庫曼前進亞洲盃，甚至連鄰國菲律賓都破天荒拿到隊史首張亞洲盃門票。

儘管任務沒能達成，但懷特在逆勢中就任，對巴林的「逆轉勝」更成經典。七天後公布的最新世界排名，中華隊因取勝巴林升到歷史新高的一四三名，「神奇教頭」名號不脛而走。

上／二〇一六年今井敏明回鍋執教中華男足，但僅五個月就遭足協解聘。

中／足協青年發展部門日籍總監黑田和生臨危受命，卻因身體狀況在二〇一七年台北世大運前返日休養。

下／英籍教頭蓋瑞懷特在二〇一七年九月接掌中華男足兵符。

主場六連勝　世界排名一二一創新猷

二〇一七年底，中華足協首辦「中華足協邀請賽」，懷特領軍連勝菲律賓、東帝汶、寮國，以三連勝留下冠軍盃，隔年三月亞洲盃資格賽最後一役，晉級無望的中華隊仍靠陳柏良的進球，以一比〇在主場收拾新加坡，締造主場六連勝紀錄。

擊敗新加坡之後，中華男足世界排名再升到一二一名的新高點，證明懷特的確有一套。對外，他懂得用勝利來讓球迷興奮，使足球獲得關注與資源；對內，他引進現代化的情蒐、戰術分析，也替球員爭取到更好的待遇，聲望之高，為近代中華男足教頭所僅見。

然而在英裔好手周定洋的徵召爭議上，懷特的作法遭到不少球迷質疑，開始出現攻擊他的聲音。而懷特以外籍教練的身分受聘，資格其實是由體育署審定，薪資則由國訓中心負擔。二〇一八年適逢中華足協改選，過程也因體改爭議而卡關，改選延宕自然無法續聘教頭，懷特終於在九月七日中華隊二比〇勝馬來西亞的友誼賽後，留下任內主場七戰全勝的紀錄，轉任香港國家隊總教練，結束神奇教頭的寶島之旅。

五 粉碎香港魔咒

與二〇二二世足資格賽戰況（至二〇二〇年九月）

「神奇教頭」懷特離開台灣去了香港，中華男足進入後懷特時代，先聊聊台灣的「香港魔咒」。

台灣在一九五〇年代兩度奪得亞運男足金牌，打入一九六八年亞洲盃。當時的陣容其實是以香港公民為主，直到一九七一年港台達成協議，停止再選拔香港公民代表中華民國出賽，才正式結束「港腳時代」。而在二〇一九年之前，台灣的本土國腳始終無法在成年男足國際賽擊敗香港，竟然超過半世紀之久。

二〇〇三年東亞足聯開辦東亞足球錦標賽（後改名為東亞盃）之後，港台在國際賽開始有每兩年至少遭遇一次的密集交手，中華隊在這項賽事最接近打破魔咒的一次，為二〇〇七年六月，泰雅族原住民黃瑋儀在澳門運動場替中華隊先馳得點，但五分鐘後被香港的羅志焜破門扳平，最後二十分鐘，中華隊沒能把握住十一打十的人數優勢，僅以一比一戰平。

在二〇一〇年我國自辦的首屆龍騰盃邀請賽，中華隊同樣沒能守成，於主場遭香港U23代表隊，以一比一逼和。而二〇一五年四月的奧運資格賽，中華隊雖靠柯昱廷、溫智豪、韋育任進球，在高雄國家體育場以三比一擊退香港，但奧運資格賽屬於U23賽事，並非成年等級。

足協公開徵帥　神奇教頭助手當選

回到二〇一八年底，懷特去了香港，改選後的中華足協先以本土教頭王家中率軍參加東亞盃第二輪賽事，接著啟動公開甄選機制。在五人報名爭取的情況下，經選訓委員會遴選出前三順位，最後由中華男足前助理教練蘭卡斯特（Louis Lancaster）雀屏中選。

蘭卡斯特擁有歐足聯S級職業教練證，帶過英格蘭當紅新秀桑喬（Jadon Sancho），過去一年擔任中華男足助教，分析比賽的專業獲得球員們高度肯定，還親自飛到台灣至選訓會議報告其執教計畫，脫穎而出並不令人意外。

而對中華隊球員來說，有位他們信服且熟悉彼此的教練，也可以將易帥的陣痛降到最低，期盼延續甚至擴大懷特時期的戰果，盼於二〇二二年世足亞洲區資格賽有所突破。

蘭帥於二〇一九年一月十八日正式上任，三月先安排兩場國際友誼賽練兵，結果客場〇比〇悶和緬甸，次役主場意外以〇比一不敵當時友邦索羅門群島，與子弟兵似乎仍在磨合。

接著六月再安排兩場友誼賽，中華男足六月六日先在高雄迎戰實力不強的尼泊爾，被認為是蘭帥開胡的好機會，但中華隊雖由吳俊青先馳得點，下半場自由球防守卻遭客隊破門，

蘭卡斯特（左）從助理教練扶正為總教練，從足協理事長邱義仁手中接過中華隊球衣。

最終以一比一戰平。

陳浩瑋梅開二度　粉碎香港魔咒

對尼泊爾應勝未勝，外界並不看好在短短五天後作客旺角大球場時，中華男足能夠擊敗全隊都是職業球員，且近年更有眾多洋將歸化的香港隊。不過助理教練李盟乾賽前卻說：「不知為何，我有一種會贏香港的預感。」六月十一日當天，旺角大球場下起滂沱大雨，似也預告出歷史性的一刻。

台港友誼賽第三十四分鐘，朱恩樂右路帶球內切後小角度回敲，吳俊青在罰球弧頂送出絕妙的腳後跟妙傳，陳浩瑋在左側禁區起左腳勁射破門，中華隊先馳得點。

上半場補時第三分鐘，陳俊杰右路短傳陳浩瑋，陳浩瑋盤球突破後想傳給中路的朱恩樂，球打到防守者彈回，恰好成為「另類」撞牆，讓他在右側禁區抽射再進一球。終場中華隊就以二比〇拿下自一九六七年的馬來西亞默迪卡盃後，在成年男足國際賽對陣香港的首次勝利，粉碎五十二年的魔咒。

「對香港賽前，我就跟球員叮嚀三點，」蘭帥說：「第一，我們要打進世足資格賽第三輪的夢想不變，你們要相信自己。第二，我們沒贏過香港，現在有機會在他們家裡達成這個目標，給台灣的足球迷帶來希望。」

至於第三點，蘭卡斯特鼓勵球員，只要在國際賽拿出好表現，每個人都有機會被國外的職業隊看上。「就像這場比賽的浩瑋，他的手機也許已經響了。」蘭卡斯特滿意地說。

二〇二二世足資格賽　矢志打入第三輪

蘭卡斯特的起手式雖然以二和一敗開出，但也締造逾半世紀以來首次於男子成年國際賽擊敗香港的紀錄，似乎讓人有足夠理由相信，中華男足與新帥已經完成磨合，準備迎接二〇一九年九月展開的二〇二二世足亞洲區資格賽。

然而，抽籤時世界排名一二五、位列第三檔次的中華隊籤運不佳，與澳洲、約旦、科威特、尼泊爾分到B組，除了客場移動距離超遠，過去對戰紀錄，中華隊也不曾勝過這四隊。更悶的是，理論上第四、五檔的球隊實力應該不如中華隊，偏偏中華隊同組的第四檔隊伍，是因為遭 FIFA 禁賽兩年，才導致世界排名下滑的科威特。若以禁賽前的實力和排名，科威特根本是第二檔次的勁旅，讓中華隊面臨硬仗。

儘管如此，蘭卡斯特仍喊出「捨我其誰，更待何時」的口號，矢志打入第三輪，並分析上屆打入第三輪的中國大陸、伊拉克、敘利亞、阿拉伯聯合大公國戰績，「只要達到平均每場拿二．一分、進二．七球、失〇．七球的門檻，就能晉級。」

中華男足在這次世足資格賽的主力陣容，多數有過上屆資格賽的歷練，旅外本土好手包括陳柏良、溫智豪、陳浩瑋、王睿（殷亞吉受傷）。台英混血兒，外號「甜甜圈弟」的沈子貴（Will Donkin），則從蓋瑞懷特時代就入列磨練。雖然陳昌源退休，右後衛接班人、台韓混血的王建明的資格有問題，球員陣容仍算整齊，也都準備放手一搏。

九月五日，中華男足在台北田徑場首戰世界排名九十九的約旦，約旦是第二檔次世界排名最低的隊伍，中華隊想要排名前二，爭取晉級次輪的機會，此役也至為關鍵。由於約旦位於沙漠氣候的中東，賽前因外圍環流影響，北台灣連日大雨，使台北田徑場多處積水，也被認為可能對中華隊有利。

但約旦並不是省油的燈，第十九分鐘，約旦擲出右側邊線球，中華隊防守突然恍神，讓客隊的阿塔馬里（Musa Suliman Al-Taamari）連續帶球內切到中路起腳，潘文傑將球撲向球門右側中柱彈回，被有越位嫌疑的法薩（Baha' Faisal）補射破門，中華隊先丟一球。

第三十八分鐘，約旦從右中場發動快速反擊，轉移到阿塔馬里左路下底傳中，潘文傑飛撲將球拍到禁區內，被珊莫（A. Sameer）兵不血刃補入空門，上半場中華隊〇比二落後。

中華隊陷入苦戰，下半場雨勢變大，讓反攻更顯困難。不過球員的奮戰還是開花結果，第八十分鐘，溫智豪在中場截球後，斜傳給右前場的陳柏良，陳柏良在積水中完美停球並冷靜回傳，助攻跟進的溫智豪第一時間以右腳內側射門，漂亮打入球門右側死角。可惜中華隊沒能再接再厲，以一比二飲恨。

大雨破門惜敗約旦　卻輸給尼泊爾

中華隊雖然輸球，但能攻破世界排名百名內的對手，且僅以一球小負，讓球員士氣大振，也對五天後主場對決尼泊爾充滿信心。尤其進入二十一世紀，中華男足在世足資格賽即使通過附加賽考驗，進入小組賽卻沒拿過任何分數，前一次小組賽沒輸球已是一九九七年〇比〇踢平馬來西亞。碰上世界排名一六六的尼泊爾，中華隊摩拳擦掌要拿下睽違二十二年的世足資格賽小組賽勝利。

然而天不從人願，開賽不到四分鐘，中華隊左後衛洪子貴傳球遭攔截，只好以犯規阻止尼泊爾攻勢。尼泊爾開出右前場自由球，安賈頭槌攻門，中華隊門將潘文傑飛身封阻，球卻打在自己身上入網，先丟一球。

中華隊奮力反攻，但直到上半場尾聲才開始踢出威脅。第四十三分鐘，右後衛陳庭揚在右側禁區射門被封出，隨後自由球吊入禁區，無人盯防的陳瑞杰頭槌頂偏，進入補時階段前，陳柏良搶前點小角度勁射偏出。下半場安賈再次破門，中華隊則屢攻不下，讓尼泊爾以二比〇帶走三分。

主場二連敗，讓中華男足要打入第三輪的希望幾已破滅，但全隊仍得打起精神，在十月十五日的系列賽第三戰，於高雄國家體育場迎戰世界排名四十四的「足球袋鼠」澳洲。

澳洲自二〇〇六年「脫洋入亞」以來，每屆世足都打入三十二強，二〇一五年甚至贏得亞洲盃冠軍。此次來台陣容包括門神萊恩（Mathew Ryan）、中場莫伊（Aaron Mooy）兩位英超布萊頓球星，《澳聯社》甚至以「東亞雜魚」（East Asian minnows）形容中華隊，賽前氛圍確實是一面倒。

開賽頭十分鐘，中華隊頂住袋鼠大軍，但第十二分鐘效力於韓國K1聯賽水原三星藍翼的前鋒塔加特（Adam Taggart）突然加速接應右路吊中，趕在門將潘文傑出擊前魚躍頭槌破門。儘管這球疑似越位，袋鼠大軍也沒在客氣，七分鐘後由塔加特再下一城。

戰澳洲驚天頭槌　中東行慘遭血洗

彷彿一場實力懸殊的拳擊賽，不被看好的中華隊一開始就挨了兩記重拳，球員們卻沒有倒下。第二十分鐘，陳浩瑋右前場拿球回敲，右後衛陳庭揚送出精彩的低平吊中，福至心靈的防守中場陳毅維倏地前插，以魚躍頭槌突穿萊恩的十指大關，震懾了袋鼠軍團。

這是澳洲在這次系列賽的首顆失球，也是中華隊相隔三十八年再次於世足資格賽對澳洲進球，精彩程度連客隊教頭阿諾（Graham Arnold）賽後都盛讚，中華隊進了「可以讓整個國家興奮」的一球。

「進了這球甘願了，可以退休了。」陳毅維賽後說了句玩笑話，興奮卻溢於言表。談到這顆意外的進球，這位中場防守「攪拌機」說：「當下我覺得那邊沒有人在，球可能會過來，小羊（陳庭揚綽號）的球又傳得剛剛好，在對方球員的後面，可能也有點幸運吧！」

中華隊這顆進球令人振奮，卻也喚醒了原本可能有些輕敵的澳洲。客隊於上半場再下兩城，等到中華隊氣力放盡後，一九八公分的蘇塔（Harry Souttar）又在比賽尾聲頂進兩球，讓中華隊以一比七落敗。

雖是一場六球慘敗，但澳洲確實強大，過程中很少是中華隊失誤送禮，四顆頭槌失球確實差在身材。更重要的是，中華隊對澳洲並非一味挨打，也能以攻擊回應。若是下半場一開始溫智豪那顆位置完美的自由球吊中，王睿能夠恰如其分地頂進，替中華隊追成二比四，此役會更有看頭。

此外，台灣、加拿大混血好手蔡立靖（Emilio Estevez Tsai）此役上演中華隊處女秀，擔任邊鋒表現可圈可點，即使面對人高馬大的澳洲隊，依然能在快攻中從容穿梭對手中場。沈子貴終場前還從蘇塔腳下斷球，殺入禁區跟兩名防守者放對，差點造成對手禁區內手球，展露「無懼」精神，都是中華隊在這場敗仗的收穫。

然而，系列賽頭三戰的兩場硬戰雖有亮點，卻輸掉不該輸的一仗，主場三連敗已經預告蘭帥的下課鐘聲不遠。十一月中華隊遠征中東，結果在科威特慘遭九比〇血洗，於約旦也以〇比五慘敗。回國之後，中華足協也與蘭卡斯特達成共識，於十二月初提前結束賓主關係。

蘭卡斯特執教中華隊未滿一年，留下一勝二和六負、進五球失二十七球的成績，儘管曾於友誼賽粉碎逾半世紀的「香港魔咒」，但正式比賽五戰盡墨，進二球失二十五球的慘淡成績，註定得交出兵符。

平心而論，蘭帥作為「神奇教頭」懷特的頭號助手，訓練與分析比賽頗受好評，和球員沒有磨合問題，也規畫出激勵人心的願景。但欠缺作為總教練經歷的罩門，卻也暴露在蘭帥的臨場調度上，任內兩度對陣尼泊爾，一次是友誼賽一比一踢平，一次是正式賽〇比二落敗，蘭帥竟然都沒用完換人名額，就是最明顯的例子。

此外，蘭帥為中華男足設計的高壓拚搶戰術，適合以小搏大對抗強隊，主場對約旦、澳洲也有亮點。但中華隊要達成晉級第三輪的目標，也得擊敗世界排名與實力較差的尼泊爾，這方面蘭帥並未拿出有效方案。而中東行兩戰狂丟十四球，顯示對強隊的套路也完全破功。至於傳承給本土教練的任務，也因時間過短而未能呈現效果。

一個球員喜歡，卻贏不了球的國家隊總教練，終究得要下台。當然，就此評斷中華足協首次採取公開遴選教頭的方式失敗，有欠公允，但台灣足球環境不佳，要如何找到最適合的國家隊教頭，仍是一大難題。

建立制度提升待遇　就等時機起飛

不過這一屆的世足資格賽，台灣並非毫無收穫。足協在原任國家隊助理教練的方靖仁出

澳洲門神萊恩（後排左一）、中場莫伊（前排左一）都是英超布萊頓的先發主將。

上／中華隊陳毅維（十五號）以魚躍頭槌漂亮頂破澳洲門神萊恩（右）的十指大關。
下／台加混血小將蔡立靖（左）在中華隊處女秀對上球星雲集的澳洲，帶球穿梭毫無懼色。

任祕書長後，把代表隊集訓及出場費制度化，也在組織中成立「代表隊組」，專門負責各級代表隊集訓與出賽需求。這些長遠制度的改革，不能因為一次賽事失利而抹煞，或許差的就是國家隊訓練基地等硬體配套，再加上合適的教頭與一些些的籤運，就能呈現在戰績上。

蘭卡斯特下台後，足協技術委員會選出本土教頭王家中接棒。王家中曾在二〇一八年底的東亞盃第二輪賽事帶過中華隊，戰績一勝二負。由於五連敗的中華隊已經確定無緣世足資格賽第三輪，王家中的任務就在系列賽最後三戰力挽狂瀾，希望中華隊至少免於小組墊底，在接下來的二〇二三亞洲盃資格賽取得較佳的晉級位置。

然而，原定二〇二〇年三月要出征尼泊爾首都加德滿都，卻因為新冠疫情導致足球國際賽全面停擺而喊卡。亞足聯（ＡＦＣ）一度於六月宣布十月起重啟足球國際賽，但因疫情依舊沒有獲得控制，相關賽事最終都延到二〇二一年再來安排。

【中華男足人物特寫】

呂昆錡：旅外拓荒者

台灣一直沒有職業足球，二十一世紀開始有寶島好手嘗試「走出去」，打開台灣足球的能見度。被稱為「台灣布馮」的中華男足一代門神呂昆錡，可說是第一位拓荒者，在二〇〇七年簽約加盟日本社會人球隊盛岡仙鶴，雖然不是加入職業球隊，卻是簽下旅外職業合約的第一人。

呂昆錡出生於一九八五年，國小四年級時，全家搬到足球風氣興盛的台南市佳里區（時為台南縣佳里鎮），開始與足球結緣，也很快就被定位在守門員的位置。國二時呂昆錡突然長高到將近一八〇公分，開始獲得關注，進入北門高中接受前國家隊門將洪金昌指導，打下日後接班國門的基礎。

呂昆錡在高二入選青年隊，高三就提前被選入奧運代表隊（U23），此時他已經一八五公分，擁有國內門將數一數二的好身材。二〇〇四年中華男足參加世足亞洲區資格賽，老牌門神楊振興退休高掛手套，年僅十八歲的呂昆錡被拔擢為接班人，在二〇〇四年十月十四日對巴勒斯坦的主場比賽，上演他的成年國家隊處女秀。

「處女秀當然印象深刻，怎麼可能忘記！尤其是最後傷

上／伊朗前鋒阿里代伊（中）在二〇〇六年的亞洲盃資格賽對呂昆錡攻入一球。

中／二〇〇六年中華男足在亞洲盃資格賽主場對南韓，呂昆錡（右一）與南韓球星安貞桓（左一）在賽前記者會先禮後兵。

下／二〇〇六年呂昆錡（左）在亞洲盃資格賽主場力抗南韓。

停時間被進球絕殺……」呂昆錡的國門首戰就表現精彩，讓前次客場交手被巴勒斯坦灌進八球的中華隊，在中山足球場踢完正規時間都沒失球。但補時第四分鐘，巴勒斯坦抓住邊線球機會，於門前亂軍中捅進一球，仍以一比〇氣走中華隊。

受封「台灣布馮」 在失利中成長

儘管處女秀遭到難以下嚥的絕殺落敗，呂昆錡的表現卻連客隊教練都高度稱讚，一戰奠定他的國門位置，就此開啟中華隊長達十年之久的「呂昆錡時代」。這段期間除非受傷，呂昆錡都是國家隊的「不動一號」。

而當時世界身價最高門將為義大利的布馮（Gianluigi Buffon），呂昆錡因為瘦長身材與絕佳的柔軟度與布馮相似，「台灣布馮」的綽號也不逕而走。他笑著說：「其實我的偶像是西班牙門神卡西亞斯（Iker Casillas），不過也很喜歡布馮啦。」

中華男足在國際賽輸多贏少，總讓呂昆錡成為「悲劇英雄」，但在一場場的失利中與頂尖高手周旋，也促使他持續成長，二〇〇六年尤其經典，因為中華隊在亞洲盃資格賽抽到與南韓、伊朗同組，都是當年去參加德國世足賽的超級勁旅。

「記得那一年碰過三個亞洲足球先生，一系列比賽的印象都很深刻。」呂昆錡碰上的第一個亞洲足球先生，是綽號「國王」的伊朗前鋒阿里代伊（Ali Daei），國家隊生涯攻入一〇九球，為世界紀錄。中華隊當年二月在亞洲盃資格賽首戰作客伊朗首都德黑蘭，呂昆錡上半場只失一球，阿里代伊則在終場前錦上添花，助主隊四比〇擊敗中華隊。

是役伊朗只徵召一位旅歐球星，德國世足賽後南韓、伊朗作客台灣，則帶來了八成以上的世足班底。八月十六日「太極虎」南韓來犯，中山足球場湧入近萬球迷，呂昆錡力抗安貞桓、李天秀等球星，最終中華隊以〇比三見負。

十月十一日，中華隊則在台北田徑場迎來剽悍的伊朗，呂昆錡又對上卡里米（Ali Karimi）與馬達維基亞（Mehdi Mahdavikia）兩位亞洲足球先生，當時效力於德甲豪門拜仁慕尼黑的卡里米在上下半場各進一球，助伊朗二比〇帶走三分。

作為中華男足當時的看板人物，呂昆錡也努力尋找旅外機會，二〇〇五年於台灣接受J聯盟磐田喜悅測試，也在台灣體院教練趙榮瑞的安排下，赴日參加橫濱FC、千葉市原的訓練測試，可惜都沒獲得青睞。

二〇〇六年，中華足協與日本足協合作，聘請日籍教練今井敏明接掌中華隊兵符，也開啟呂昆錡走出去的另一扇窗。二〇〇六年十月，呂昆錡和陳柏良在今井推薦下，到橫濱水手二軍訓練，雖然還是沒能留下，不過今井的恩師八重樫茂生在東北社會人聯盟的盛岡仙鶴擔任顧問，決定爭取呂昆錡，雙方於隔年三月九日正式簽約，成就台灣足球好手赴日第一人。

「回想起來，那時候有一股傻勁，只想有機會就趕快出去試看看，那時候滿有勇氣的，沒有什麼顧忌，想去看看與日本足球的差距在哪裡。」呂昆錡回憶說。

盛岡仙鶴當時隸屬社會人聯盟，算下來是日本的第四級聯賽，能給的薪資大致與台灣的甲組球隊相當。因此同樣受邀的前鋒莊偉倫選擇加入大同隊，仍是學生的呂昆錡則放手一搏。不過門將需要指揮防線，語言障礙是一大瓶頸，東北社會人聯盟也非弱者，呂昆錡出賽並不多，加上還有兵役問題，遂於二〇〇七年底結束合約返回台灣。

儘管如此，呂昆錡表示能到日本歷練，感覺跟台灣整個環境、水準完全是不同檔次。他是球隊簽的三個職業球員之一，其他隊友白天還要在球隊獲企業贊助的公司上班，相當辛苦。即使如此，當時中華隊赴日移訓，與盛岡仙鶴踢練習賽竟輸了三、四球，「真的差很多！」見識到日本足球的雄厚根基。

鎮守國家隊十年　盼開啟新階段

呂昆錡退伍後加入傳統勁旅台電，也繼續把守中華隊大門。但二〇一〇年底一場與日本大學聯隊的友誼賽，他被對手撞傷造成左膝後十字韌帶斷裂，傷勢後來一直沒能完全復原。二〇一二年十二月在香港的東亞盃資格賽第二輪，呂昆錡認為新一代門將如潘文傑已可接棒，遂於守完對澳洲之戰宣布自國家隊退役，專注在台電隊就好。

「從十八歲開始，我在國家隊守了快十年，該是另一個階段的開始了。」呂昆錡當時在香港大球場說：「中華隊球衣陪我走過人生許多階段，從讀書、旅日、當兵，到結婚生子，

上／二〇〇七年呂昆錡（後排左一）代表盛岡仙鶴先發出賽。
下／呂昆錡在日本社會人球隊盛岡仙鶴實現旅外夢想。

過程很辛苦，但也很精采，夠棒了！」

一代國門的傳奇就這樣結束了嗎？呂昆錡當時還不到三十歲，而守門員其實是個愈陳愈香的位置，只是台灣的環境不容易給足球員夠長的運動生涯。老天爺似乎也捨不得呂昆錡就此離開中華隊，二〇一四年台電教頭陳貴人接掌國家隊兵符，當然又把台灣布馮拉入陣中。

原本這次重返國家隊，主要是傳承的備胎角色，陳貴人準備把大門交給年輕的「大頭」邱育宏。未料二〇一五年三月，中華隊展開俄羅斯世足資格賽，首輪先與汶萊進行主客兩回合賽事，首戰高雄主場邱育宏竟發生要命失誤，讓中華隊以〇比一落敗，若想晉級，五天後必須在汶萊逆轉翻盤，需要呂昆錡出馬救駕。

「那是我球員生涯後期的經典戰役，」呂昆錡說，原本有種要交棒的心情，但小老弟失誤也打擊自信，「身為當時球隊的老大哥，把這個責任扛起來是必須的，那場我自己設定的目標就是零失分！」

呂昆錡說到做到，而且從賽前熱身，就可以感受到「台灣布馮」的鬥志與企圖心，那些年困擾他的左膝舊傷彷彿已是一個世紀前的事情。開賽之後，汶萊挾主場優勢發動快攻，若先進球可能快速KO中華隊，但呂昆錡一夫當關化解危機，隨後王睿、朱恩樂先後進球，中華隊客場二比〇勝出，並以兩回合總比分二比一逆轉晉級，殺入下一輪的小組賽。

就這樣，呂昆錡在國家隊又多待了兩年，直到二〇一六年三月中華隊結束該屆世足資格賽的征戰。隨著陳貴人辭職，呂昆錡復出傳承的階段性任務也告一段落，卻有新的任務找上了他，因為國家隊教頭的繼任者不是別人，就是讓呂昆錡一圓旅日夢想的關鍵推手今井敏明。

相隔十年重返台灣，今井想做的第一件事，就是把得意門生呂昆錡找到中華隊，只是不是下場守門，而是擔任守門員教練。其實呂昆錡當時仍是台電隊的球員，年初都還登錄在中華隊，還沒認真準備轉型為教練，又是今井推了一把。

「當時今井教練找我，是很大的挑戰。」呂昆錡說，畢竟還沒退役，當時他只有國內的守門員證照。但今井找他去試教，從旁觀看，稱讚他能教到一些很細膩的東西，讓他大受鼓舞，開始認真思考執教一事。

今井的中華男足「鳳還巢」時間相當短，於二〇一六年十月突遭足協解聘。但呂昆錡這次客串結束，卻種下他想要傳承自己守門經驗的想法。二〇一八年十一月，呂昆錡正式從台電足球隊退役，成為興達電廠的全職員工，他卻在隔年接受高雄陽信銀行女足隊之邀，用自己工作之餘的時間擔任守門員教練。

「雖然有生涯規畫要取捨，但我對守門員延續傳承這塊很有興趣。」呂昆錡說，非常感謝今井對他的認同與提攜，以及兩度來台都在關鍵時刻推了他一把。對他而言，在台電工作是生涯保障，但可能就此離開足球圈也很不捨，感謝另一半支持他的決定，「現在接陽信，對我而言也是個足球的延續，以後的事情都很難說。」

七

【中華男足人物特寫】

陳柏良：台灣旅外職足第一人

「台灣布馮」呂昆錡打開了台灣足球員的旅外門窗，雖然沒能在日本久待，加盟的也非職業隊，但確確實實凸顯了幾個困境：即使是台灣本土的最佳球員，水準與國外職業隊仍有差距，語言始終是個問題，還有兵役，都限制了台灣好手旅外的步伐。直到「台灣隊長」陳柏良到港、陸踢球，才真的走了出去。

生於一九八八年的陳柏良是港都子弟，國小二年級被啟蒙教練李春融發掘，十一歲時幫助陽明國小在士力架盃少年足球賽奪冠，並以十四顆進球穿上金靴，開始嶄露頭角。

國中長不高　差點不踢球

李春融的執教風格是攻重於守，就像漫畫《灌籃高手》裡的豐玉高中一樣，球員很能感受攻擊的樂趣，也讓陳柏良可以發揮其技術與進攻天賦。儘管國中畢業時才一五八公分，全隊最矮，礙於身高踢不贏別人，讓他一度想放棄足球。幸好家人信任教練，希望他上高中繼續踢，怕他長不高，媽媽還天天泡高蛋白給他喝，才半年就可以和隊友「同高度講話」，高二時還幫助中正高中贏得全國青年盃冠軍。

作為呂昆錡赴日發展的重要推手，今井敏明也是拔擢陳柏良的關鍵人。二〇〇六年以外籍教練之姿，接掌中華隊兵符，今井放手用人打破國內原有派系，包括大膽啟用年輕球員，於是年僅十七歲的陳柏良在該屆世足資格賽首戰作客伊朗，就被今井推上先發陣容，上演成年國家隊處女秀。

日籍教頭大膽　十七歲中華隊處女秀

「其實那時我還是個小屁孩呢！」陳柏良笑著說，回想起來真的很不可思議。「因為我一直很想進青年隊、青少年隊但都沒入選，結果直接入選了奧運隊與國家隊，當時很興奮感動，覺得我終於穿上中華隊的球衣，而且第一場就對上伊朗這麼厲害的對手！」

破格拔擢陳柏良，後來被證明是成功之舉，也是今井於二〇一六年回鍋執教中華隊時，用來鼓舞年輕球員的得意案例。陳柏良則說，真的很感謝今井給他這個機會，「重新點燃我對足球的熱情，不然當時沒選上代表隊，本來要放棄了。」

升上台灣體院，陳柏良繼續發光發熱。二〇〇八年，他以十二顆進球穿上城市足球聯賽金靴，幫助台體化身的家成興拿下亞軍，隔年球隊更名為高市耀迪，更在同積分的情況下憑淨勝球力壓「南霸天」台電，奪得冠軍。這也是從一九九五至二〇一九年間，台灣頂級足球聯賽唯一一次不是由台電或大同稱霸，彌足珍貴。

二十一歲又四天　中華男足最年輕隊長

除了國內聯賽奪冠，二〇〇九年，陳柏良也在中華隊扛起重任。該年八月東亞錦標賽第二輪於高雄國家體育場舉行，時任總教練的羅智聰和領隊劉福財將隊長袖標交給港都子弟陳柏良，讓他以二十一歲又四天之齡成為歷來最年輕的中華男足隊長。

「當時去集訓報到，羅老師說這次你當隊長，我說別鬧了，有這麼多前輩，但他說覺得我最適合，和領隊就這麼決定了……」陳柏良說，其實隊中前輩太多，要扛起這個領導重任並不自在，感謝教練和領隊給他這個寶貴的經驗，「我當時跟自己說，就當作學習吧！」

當時陳柏良的確還很年輕，但在掛上隊長袖標之前，他已經貢獻五顆國際賽進球。既然年齡還不夠「德高望重」，陳柏良只好用行動和表現來領導，成為中華隊陣中最耀眼的攻擊核心。二〇一〇年龍騰盃邀請賽，陳柏良的活躍表現差點讓中華隊扳倒香港，雖然最終屈居亞軍，卻也讓他打開了旅外之門。

作為台灣本土最閃亮的一顆新星，陳柏良自然是最有希望旅外征戰的人選。二〇〇六年，陳柏良就和呂昆錡在今井的安排下，赴日參加J聯盟橫濱水手隊的訓練測試，升上台體後也由教練趙榮瑞牽線去過ＦＣ岐阜與ＦＣ草刈。儘管都未成功上榜，但看到職業球員獲得的高規格對待，讓他立下「有為者亦若是」的志向。

加盟港甲飛馬　台旅外職足第一人

二〇一〇年底，機會終於成熟，龍騰盃的好表現讓香港注意到陳柏良。時任香港甲級足球聯賽天水圍飛馬隊數據分析員陳婉婷，因為參加亞足聯教練講習而認識台灣教練曾台霖，便向好友探聽陳柏良。

「牛丸（陳婉婷綽號）是我參加亞足聯Ｃ級教練和亞足聯潛力教練講習認識的朋友，問我陳柏良如何。」曾台霖回憶說：「我跟她說柏良非常優秀，是台灣一哥，當時最出色的球員，絕對沒問題！」

當時飛馬拿到亞足聯盃門票，需要好手助陣，二〇一一年一月，陳柏良赴港試訓兩週，一月二十一日正式以亞洲外援身分加盟飛馬，成為我國首位旅外職足球員。一月三十日，飛馬客場迎戰屯門，陳柏良在下半場替補上陣就攻入一球，助飛馬以二比〇獲勝。

陳柏良回憶，那是一趟讓他獨立與成長的香港行，「我住在球隊宿舍，那裡位置非常偏遠，光要去吃飯必須走二十分鐘，宿舍外面什麼都沒有，我與隊務相依為命，他很照顧我。我基本上每天都在房間待著，房間大約三坪，但非常乾淨，環境算好，裡面有一張桌子、一張椅子，還有一個上下鋪，最重要的是有 WiFi。還好每天訓練球隊有小巴從那裡出發，不然會更加辛苦。」

六月，港甲球季結束，陳柏良也在約滿後回到台灣。陳柏良說，待遇不是沒有留下的原因，因為飛馬其實開出很好的續約條件，比照老外規格，也會替他租房子。不過港甲的強度雖然高於台灣，但整個賽事規模與陳柏良憧憬的職業聯賽仍有差距，加上前東家台電打入亞洲主席盃，殷切呼喚，讓陳柏良選擇歸隊助陣。

二〇一一年七月三日，陳柏良在世界盃資格賽主場對馬來西亞，神勇製造兩顆十二碼球，與上演台灣處女秀的陳昌源相互輝映，讓中華隊在一五三三五位觀眾面前以三比二勝出。儘管沒能晉級，仍是中華隊近年的關鍵戰役。九月主席盃，陳柏良再助台電奪得台灣男足五十二年來首座國際賽冠軍，也獲得ＭＶＰ加冕。

放棄鐵飯碗　登陸拚戰已九年

然而，主席盃畢竟只是亞足聯第三級俱樂部賽事，後已停辦。台灣城市聯賽的水準，也只是侷限了陳柏良的足球能力。不只為了自己，也要替未來的台灣球員開拓出路，陳柏良始終是該走出去的。二十三歲的他已無時間猶豫，卻也面臨更大的抉擇。

原來台體畢業進入台電時，陳柏良仍屬外聘球員，後來獲得飛馬邀約，他也能夠毫無負

上／陳柏良（前排左三）在深圳紅鑽成為固定先發。

下／法國名帥特魯西埃（右）認為陳柏良有征戰中超的實力，二〇一四年他也的確在上海申花圓夢，只是並未獲得太多表現機會。

左／二〇一三年陳柏良代表深圳紅鑽在寶安體育場出賽。

擔地赴港一拚。但二〇一一年重回台電，球隊以主席盃MVP特案辦理，讓他以半年時間破格成為正式員工，這可是台灣足球員原本夢寐以求，可以做到退休的鐵飯碗呢！

「成為台電隊正式員工，後來選擇放棄的足球員，當時幾乎是沒有的。」陳柏良說，除了生涯保障，台電總教練陳貴人提攜照顧的情義，也讓他很難說走就走。

二〇一一年底，中甲深圳紅鑽法籍名帥特魯西埃（Philippe Troussier）的助手田凱威（David Camhi）經過城市聯賽觀察，決定邀請陳柏良前往試訓，重燃陳柏良的旅外夢想。試訓過程相當順利，陳柏良也毅然辭掉台電的正式工作，準備於二〇一二年翻開「登陸」新頁！

然而，當時操盤的經紀人認為陳柏良還能爭取到其他球隊的青睞，應該待價而沽，再觀望一下，讓辭去台電工作，已無退路的陳柏良一時進退維谷。結果田凱威一通關鍵電話打給當時效力台電的方靖仁，無論如何先把陳柏良弄上飛機，機票、住宿都由紅鑽負責，先過去幾天再決定要不要簽約，事情才豁然開朗。

「我以為柏良早就簽約了，」方靖仁回憶，「沒想到大衛（田凱威本名）來電，我跟柏良聯絡，他竟然在電話裡哭，我才知道有狀況！記得當時送他去搭機，已是二月二十四、二十五日，幸好還有趕上二月二十八日的中甲註冊期限。」

陳柏良則說，當時他真的很慌，「我很擔心兩頭落空。已經沒有退路，回去豈不是成了笑柄？」不過一坐上飛機，他就吃下了定心丸，知道自己不可能回頭，頭既然洗下去，只能義無反顧地往前衝了。

這一衝，陳柏良到二〇二〇年為止，在對岸的職足生涯已邁入第九季。二〇一四年，他加盟傳統勁旅上海申花，成為第一位躍上中超聯賽的台灣本土球員。隔年他在特帥招攬下，轉會至杭州綠城（後來改名浙江綠城），至二〇一九年甚至接下隊長殊榮，成為球隊看板之一。

同一時期，陳柏良也繼續在國際賽替中華隊攻城拔寨，至二〇二〇年國際足賽因新冠肺炎全面暫停為止，陳柏良已在國家隊出賽七十九場、攻入二十五球，期間中華男足的世界排名達到歷史新高的一二一名，作為隊長的他功不可沒。

陳柏良條款　促成兵役法解套

陳柏良也促成了體制的改革。宛如旅外「緊箍咒」般的兵役問題，在陳柏良帶頭衝撞與各界奔走下，二〇一五年五月二十日「國家體育競技代表隊服補充兵役辦法」經修正公布實施，放寬補充役門檻到參加過世界盃或奧運資格賽即可申請，新一代足球好手不再有後顧之憂，也被稱為「陳柏良條款」。

另一方面，陳柏良也展開回饋行動，二〇一八年與凱基銀行合作成立「陳柏良足球公益信託」，踏出台灣為了推廣足球、特地設立公益信託的第一步（詳見本書第六章），也用自身經驗鼓勵新一代的足球人。

二〇二〇年，三十一歲的陳柏良迎向新的挑戰，他從浙江綠城轉會到長春亞泰，離開長年的南方「舒適圈」，挑戰北方生活，力拚為新東家「沖超」助一臂之力。只是受新冠疫情影響，從季前訓練就一波三折，新一季中甲直到九月才順利開踢。

「因為疫情打亂了所有計畫，但這是我們沒辦法避免的。我今年來到長春，是一個新開始，所以必須把過去拋開，用自己的態度與表現得到大家的認可，趕緊融入球隊，為球隊做出最大的貢獻。會來長春很簡單，就是有著共同的目標與想法，我想踢中超，我也有能力在這個舞台。」陳柏良說：「至於國家隊，要在世界盃資格賽晉級的第一目標已經沒機會了，現在目標就是希望拿到亞洲盃資格，因為我喜歡挑戰！」

結果陳柏良說到做到，十一月八日他攻破成都興城大門，幫助長春亞泰以三比〇獲勝，取得「沖超組」冠軍，將在明年升上中超聯賽。這也是陳柏良生涯首次完成「沖超」任務，將繼二〇一六年之後再次征戰中超賽場。

陳柏良說：「太不容易了，我等四年，終於為自己爭了口氣！」

八 【中華男足人物特寫】

陳浩瑋、溫智豪：前進北京

「台灣隊長」陳柏良在二〇一二年代表深圳紅鑽躍上中甲聯賽，但說到第一位和對岸職業球隊簽約的台灣本土足球員，則是在二〇一一年十二月加入北京八喜（後變為北京北控、北京北體大）的陳浩瑋。而不同於陳柏良當時已是國家隊絕對主力，陳浩瑋與後來跟進「入京」的溫智豪，則開創台灣潛力新秀登陸的新時代。

一九九二年出生的陳浩瑋，是出身於花蓮縣新城鄉的阿美族好手，中學就讀花蓮足球名門美崙國中、花蓮高農，憑藉出色的個人盤帶腳法嶄露頭角。二〇〇九至二〇一〇年還在中華足協推薦下，到巴西聖保羅的摩吉米林青年隊受訓。

台灣因為沒有職業足球聯賽，球員即使有潛力，也是尚未雕琢完成的璞玉，很難去競爭國外職業聯賽名額有限的外援位置，畢竟聘請外援的基本條件，就是要比該國本土球員更為出色。在這種情況下，允許台港澳球員以「內援」身分出賽，等同本土球員的中超、中甲聯賽，又沒有語言隔閡，成為台將「走出去」的巧門。

前大同球員鄧明輝則接起這條天地線，因為一九九一年大同與北京隊在大溪地的一次友誼賽，鄧明輝結識了當時北京球員郭維維，相交莫逆，後來連鄧明輝的老婆都是郭維維做的媒。郭維維後來成為北京八喜隊高層，鄧明輝向其推薦台灣好手，在二〇一一年十二月帶著陳浩瑋、溫智豪、吳俊青至八喜試訊，最後陳浩瑋順利簽下兩年合約，也掀起台灣球員的登陸風潮。

「二〇一一年底，北京國安副總呂軍、北京八喜總經理楊祖武到龍騰盃觀戰，最初鎖定的目標是陳柏良和陳昌源，結果陳昌源沒踢龍騰盃，卻意外看中了陳浩瑋。」鄧明輝透露，賽後楊祖武邀請陳柏良、陳浩瑋到八喜測試，不過陳柏良選擇去深圳，浩瑋則如願加盟。

陳浩瑋加盟八喜時還不到二十歲，卻迅速展現其攻擊天賦，三月三十一日在中甲聯賽第三輪主場對延邊白虎上演先發處女秀，他就「梅開二度」，助八喜以二比一勝出，也成為首位在對岸職足聯賽進球的台灣球員。

六月二日，八喜在足協盃第二輪對陣北京理工大學，陳浩瑋攻入生涯首顆盃賽進球。七天後他再次破門，助八喜二比一逆轉氣走成都謝菲聯，中止八連不勝。旅外首季，陳浩瑋在中甲聯賽、足協盃繳出十八戰進五球的亮眼表現，打響台灣招牌。

「浩瑋當時的好表現，還有陳柏良在深圳也踢得很好，讓各隊覺得台灣球員滿不錯的，隔年八喜就簽下溫智豪、林約翰。湖南湘濤總經理張旭是我舊識，後來也簽了吳俊青、陳威全、陳昭安。」鄧明輝說。

獵豹般靈動與冷靜頭腦　亞青隊長溫智豪

陳浩瑋敲開登陸大門後，對岸職足體系中的台灣好手一度直逼兩位數。不過扣除有混血背景的球員，能站穩腳步的本土好手始終只有陳柏良、陳浩瑋與溫智豪。其中溫智豪在二〇一一年底至八喜測試時還是高三學生，隔年再度前往才正式吸收，卻成為與北京淵源最久的台灣足球員。

一九九三年出生的溫智豪，是來自花蓮卓溪鄉中平部落的布農族原住民。但他在新北三芝長大，從三芝國小一路踢球上國中，後來因球隊解散，轉學到台中安和國中，高中則進入名門台南北門，以主力射手之姿，成為亞青U19隊長。

同樣是前鋒底子，但不同於陳浩瑋鮮明的盤帶特點，溫智豪擁有如獵豹般靈動的跑動能力，與解讀比賽的冷靜頭腦，能應球隊需求勝任不同位置，成為他在職業賽場生存的重要特點。

高中畢業到展開旅外生涯之前，二〇一二年，溫智豪代表台電參加了一季的城市足球聯賽，由於球隊需要，他從學生時代熟悉的箭頭位置改踢攻擊中場，不但幫助台電完成三連霸，也穿上金靴。該年底出征香港，參加東亞盃第二輪賽事，溫智豪則職司左邊鋒，位置很有彈性。

上／二〇一一年底北京國安副總呂軍（中）、北京八喜總經理楊祖武（右）在鄧民輝（左）牽線下觀戰龍騰盃，也看上了陳浩瑋。

下／二〇一四年陳浩瑋在大專聯賽代表北市大出賽。

左／陳浩瑋（左）在二〇一一年龍騰盃的好表現被北京八喜看中。

麗 科 技

別以為溫智豪的多功能只限進攻位置，加入八喜之後，由於鋒線已有陳浩瑋，且進攻位置多為外援，競爭原本就很激烈。教練團看上溫智豪的機動性與冷靜頭腦，將他改造成墮後的防守中場，結果證明是正確之舉。

溫智豪在這個位置能夠發揮組織能力，可以拚搶也能適時突前展現進攻本色，蛻變為球隊的頭腦與心臟，在中華隊更是如此。加上左右腳都能操刀自由球的能力，不論運動戰或死球都扮演組織舵手，被粉絲喻為「台灣莫德里奇」（Luka Modrić，克羅埃西亞球星）。

寶島雙星前進北京時都還不到二十歲，兩人在職業足賽如海綿般吸收經驗、迅速成長，也成為中華隊的不動主力。二〇一二年陳浩瑋接受首季中甲洗禮，年底東亞盃就攻入成年國際賽生涯首顆進球，而且對手是東亞強權北韓，成為中華隊最犀利的邊路快刀。

二〇一五年三月，中華男足能在主客兩回合對決中以二比一逆轉淘汰汶萊，打入俄羅斯世足亞洲區第二輪資格賽，致勝一球就是第二回合下半場陳浩瑋右路吊中，助攻朱恩樂頭槌破門，才讓中華隊晉級。二〇一七年雙十節，球迷近年最難忘的國慶日逆轉勝巴林一役，補時階段的致勝球又是陳浩瑋送出助攻、朱恩樂頭槌破門的絕殺組合。

溫智豪方面，同樣是從二〇一五年對汶萊的世足資格賽開始，成為中華隊不動的中場核心。當年溫智豪非常忙碌，三月以小老弟之姿踢國家隊，四月又以主將身分披上奧運隊（U23）十號球衣，連續征戰的他儘管疲憊，仍在奧運資格賽攻破香港大門，幫助中華隊以三比一贏得四十八年來在各級男足國際賽的對港首勝。

溫智豪首顆成年國際賽進球，出現在俄羅斯世足資格賽，於德黑蘭對前亞洲盃冠軍伊拉克攻入客場進球（伊拉克主場排在第三地），絕非易事。二〇一六年十月，中華隊在亞洲盃資格附加賽主場對東帝汶先丟球，也是溫智豪挺身而出，突入左側禁區傳中助攻吳俊青射入超前球，後來才能突圍晉級。

哪有位置哪裡踢　球場「萬金油」精神

從北京八喜到後來改名為北京北控，陳浩瑋與溫智豪並肩作戰六年，即使二〇一五年底碰上中國足協取消內援資格的衝擊，兩人仍獲得俱樂部青睞，藉落日條款簽下複數年約，讓寶島雙星繼續攜手活躍中甲舞台。直到二〇一八年賽季，陳浩瑋只在中甲上場四次，缺乏出賽機會，與總教練高洪波也有摩擦，最後於季中選擇離隊，結束登陸七年生涯。

「從北京八喜到北京北控，不論是大家口中的寶島雙雄，還是隊友眼中的海爾兄弟，或是教練叫錯名字、球迷認錯人，六年幾乎黏在一起，讓我有些想念。」溫智豪曾在臉書粉絲團祝賀陳浩瑋生日時這樣說：「期許未來還能在同一球隊效力！」

溫智豪成功留京，但職業足球永遠充滿挑戰。他與北控的三年合約到二〇一八年底到期，其實雙方從年初就開始洽談續約，也都有意願繼續合作，沒想到季後傳出北控要被大陸體育總局收購，轉型為國家集訓隊的消息。

上　／二〇一二年大一的溫智豪代表台體出賽。

左上／二〇一三年一起效力八喜的溫智豪（左）、陳浩瑋在深圳合照。

左下／頭腦冷靜的溫智豪逐漸成為中華男足的中場組織核心。

14
12

前途未卜的溫智豪雖然心中忐忑，仍毅然按原計畫去北京報到，參與冬訓也了解情況。後來北控果真更名為北京北體大，但不影響該隊留下溫智豪這位好手，雙方於二〇一九年一月十七日再簽下三年新約。

「首先還是要謝謝俱樂部領導、高導（總教練高洪波）、教練團對我的認可，也是因為這個原因，促成續約的工作，」溫智豪說：「很開心這次能完成續約，也繼續延續我的夢想，未來還是希望能給球隊很大的幫助！」

續約並非挑戰的結束，北控改為北體大，球隊政策是逐步轉型為中國大陸的國足培訓隊。溫智豪過去職司的中路都有栽培重點。二〇一九年中甲開幕戰對梅州客家，由於隊友拉肚子，高洪波臨時拉溫智豪踢左後衛，結果竟入選中甲首輪最佳陣容的第二隊，次輪則去踢了左邊鋒。

「大家說我是革命一塊磚，哪裡需要哪裡搬。」溫智豪挺驕傲被稱足球場上「萬金油」，「畢竟想上場，哪裡有位置就去哪裡踢。而且教練也是借重我的經驗，認為我能因應球隊的需要，勝任不同的位置，是一種肯定。」

高洪波甚至讓溫智豪嘗試攻擊中場，結果讓他完全燃燒出攻擊性的小宇宙！二〇一九年中甲賽季，溫智豪三十輪全勤、二十七場先發，貢獻六進球六助攻，皆創生涯新高，而且從大陸用語的後腰（防守中場）改踢前腰（攻擊中場），溫智豪的傳球成功率仍高達七九．二%，稱職扮演北體大的攻擊發電機，甚至在陸媒票選入圍賽季最佳陣容。

在攻擊中場踢出生涯代表作，溫智豪卻說，其實高洪波第一次交付這個任務時，他差點就搞砸了！「高導要我踢前腰（攻擊中場），盡量上去過人射門。結果第一次嘗試，喝水暫停時高導過來罵我：『要這樣踢就別踢了！』當時我意識到，如果沒有立即的表現，可能保不住這個位置，幸好下半場就進球了，那一罵真是如雷貫耳。」

能在職業隊站穩攻擊中場非常困難，這個位置在中華隊原本是陳柏良專屬，不過二〇一九年九月世足資格賽對約旦之戰，溫智豪在台北田徑場的滂沱大雨中，將陳柏良的妙傳精彩踢進對手大門，也有巧妙的傳承味道。隨著台灣一哥的年齡漸長，中華隊的攻擊發電機與隊長職務，或許會逐漸交棒給溫智豪。

二〇二〇年，全球足壇因新冠肺炎幾乎全面停擺，就連剛締造生涯巔峰賽季的溫智豪，也只能留在台灣自主訓練，直到五月才飛往北京報到，備戰中甲開賽。然而，與其說溫智豪最適合哪個位置，不如說他始終都做好準備，而機會永遠留給準備好的人，才讓他一路克服挑戰與考驗。二〇二〇年溫智豪還當了爸爸，肩膀上更多了一份責任。

「其實也因為疫情，我才能多這些時間，陪著懷孕在身的老婆。」溫智豪說，踢了七年的職業足球，沒有休息這麼長時間過，「這段時間能看著老婆肚裡的孩子一天天長大，真的是奢侈的幸福，感謝上帝！多了這份力量，相信今年不論在俱樂部或國家隊碰到任何挑戰，都能夠迎刃而解。」

右上／二〇一七年底溫智豪在 CTFA 邀請賽推射破門。

右下／二〇一九年世足資格賽，溫智豪在台北主場大雨中攻破約旦球門。

上　／溫智豪（左一）認真個性好，北門高中恩師洪金昌（左二）、陳俊明（右一）還到深圳去看他比賽。

九 【中華男足人物特寫】王睿、陳浩瑋：開啟香港新篇章

台灣足球好手曾有踴躍登陸的盛況，但隨著中國足協在二〇一五年底取消台港澳內援資格，台灣球員這扇旅外巧門就此斷了。即使二〇一八年重新恢復，卻規定中超、中甲各隊只能登錄一個台港澳內援球員，追逐台灣好手的熱潮並未重現。

另一個原因，是中國足協為了培養本土年輕新秀，規定每上場一個外援，場上至少要有一個二十一歲以下的本土球員，以此類推到三個外援出賽上限。

也就是說，如果各隊場上都放滿三個外援，門將年齡也大於二十一歲（對岸職足規定只能用本土門將），台灣好手只能競爭另外四個上場位置。連對岸本土球員都要搶破頭，如果台將不是非常出色，大陸球隊根本沒有延攬的誘因，跟過去台灣球員年輕、有潛力就能簽看看的情況大不相同。

因此台灣球員要走出去，又得尋求其他舞台了。綽號「台灣德羅巴」（Didier Drogba，象牙海岸傳奇前鋒）的吳俊青，二〇一七年曾經挑戰泰國第三級聯賽，不過只踢了半年，就因為欠薪問題與俱樂部整體環境不佳而回國。

在這種情況下，台灣球員想要旅外，還是得靠國際賽表現以爭取青睞，年輕的「帶刀侍衛」王睿就獲得了寶貴的機會。

一九九三年出生的王睿是花蓮馬太鞍部落的阿美族原住民，他的堂姊就是二〇一八年以隊長之姿，帶領中華女足重返亞運前四名的王湘惠。小時候看堂姊踢球，讓王睿很自然和足球結緣，加上身高超過一八〇公分，彈性好、頭槌佳，又具備不錯的控球腳法，逐漸成為中華隊後防的接班人之一。

二〇一五年三月對汶萊的世足資格賽，中華男足能夠扭轉首回合主場〇比一落敗劣勢，關鍵之一就是次回合客場開賽三十七分鐘，王睿就在角球攻擊中接應陳柏良的頭槌擺渡，飛身鏟射率先攻破汶萊大門，擦亮「帶刀侍衛」的招牌，這僅是他在成年國家隊生涯的第二場出賽而已！

可惜後來因為膝蓋韌帶受傷，讓王睿停賽好一陣子，也在國家隊主力後衛的競爭中落後。幸好二〇一八年的雅加達巨港亞運，不僅是中華女足重返亞洲前四的重要里程碑，也是王睿的轉捩點。在體育署的支持下，我國決定在暌違五十二年之後，派隊參加亞運男足比賽（U23），王睿也以超齡球員身分獲徵召出征。

重返亞運　港教頭看上王睿

重返亞運，中華隊首戰在大雨中〇比〇戰平巴勒斯坦，後三戰則分別輸給地主印尼、香港與寮國，戰績一和三負，沒能晉級十六強淘汰賽。然而相對於進攻上沒有取得任何入球，由王睿與門神潘文傑領銜的後防表現並不差，香港隊的臨時教頭郭嘉諾也注意到了王睿。

郭嘉諾指出，王睿在亞運的表現很突出，香港沒有像他這樣左右腳均衡、制空也好的年輕後衛，單論技術，並不遜於港超聯（港甲於二〇一四年改制為香港超級聯賽）中的日籍後衛。

亞運結束後，郭嘉諾接下港超聯元朗足球會的兵符，他認為台灣年輕球員長期受日式訓練，技術不錯，只是欠缺機會，薪水方面，香港球隊也負擔得起，終於在二〇一八年底以「亞洲外援」身分簽下王睿。也讓台灣繼陳柏良之後，再次有球員加盟香港職足隊伍。

「我覺得這是一個挑戰，也是對自己的一種肯定。」王睿表示，向陳柏良詢問過香港足球的情況，陳柏良也很鼓勵小老弟出去闖一闖，「他希望我們能讓其他國家看見台灣正在不一樣，也希望自己能一直進步，甚至到更好更高的地方！」

巧合的是，王睿在港超聯的處女秀先發踢滿全場，對手正好就是陳柏良效力過的香港飛馬（前天水圍飛馬）。次役他對大埔頭槌頂進旅外生涯首顆進球，防守也獲得肯定，讓郭嘉

上／二〇一九 年世足資格賽主場對約旦，王睿（後排左三）先發出賽。

下／王睿（後排右二）在港超聯元朗隊也爭取到先發位置。

諾稱讚說：「面對大埔三名外援沒落下風，以行動證明台灣球員的能力。」

港超聯二〇一八～一九賽季結束，下半季才入列的王睿不但稱職扮演後衛角色，還以媲美前鋒的效率攻進三球，證明「伯樂」郭嘉諾沒看走眼，也順利獲得元朗續約。

王睿在香港成功打下新的灘頭堡，可惜從花蓮高中、國訓、台灣體大、台電與中華隊與他多次搭檔的陳庭揚，雖然也在二〇一九年初加盟港超聯的理文足球會，卻沒太多機會來證明自己，未獲續約。不過王睿在港超聯很快就不孤單了，而且來的不是旅外新血，正是登陸先驅者陳浩瑋。

陳浩瑋在二〇一八年六月與北控解約後，曾到西班牙學習並投石問路，可惜並未找到令他滿意的機會，遂於隔年初回國加盟航源ＦＣ，共在該季的企業甲級足球聯賽出賽九場、攻入四球。

然而，陳浩瑋並沒有放棄旅外目標，加入航源也與俱樂部達成默契，若國外職業隊有好的機會，航源就讓他自由離隊。而一如二〇一一年底的龍騰盃，他成功擄獲八喜高層的目光，這次陳浩瑋又藉國際賽開創其旅外第二春。

二〇〇九年六月十一日，中華男足在旺角大球場與香港進行國際友誼賽，香港擁有眾多歸化洋將與主場優勢，中華隊則於五天前的友誼賽遭尼泊爾一比一逼和，贏面看來是香港較大。然而旺角大球場降下的大雨，並沒有成為陳浩瑋破門的障礙。第三十四分鐘，朱恩樂右路帶球內切後小角度回敲，吳俊青在罰球弧頂送出絕妙的腳後跟妙傳，陳浩瑋在左側禁區起左腳勁射破門，中華隊先馳得點。

上半場補時第三分鐘，陳俊杰右路短傳陳浩瑋，陳浩瑋盤球突破後想傳給中路的朱恩樂，球打到防守者彈回，恰好成為「另類」撞牆，讓他在右側禁區抽射再進一球。下半場中華隊撐過十打十一的人數劣勢，力保不失，最終以二比〇拿下勝利。

這一勝，是中華隊自一九六七年的馬來西亞默迪卡盃後，首次在成年男足國際賽擊敗香港，但當時的中華隊也是由港腳陣容所組成。這場自一九七一年結束「港腳時代」以來的寶貴對戰勝利，包辦全場兩顆進球的陳浩瑋自然是最大功臣，也讓他獲得港超球隊東方龍獅的青睞，於七月正式加盟。

當然，港超聯二〇一九～二〇賽季是動盪的多事之秋，上半季先因反送中抗爭運動，造成不少比賽延期進行，下半季全球又爆發新冠肺炎，港超聯也在二〇二〇年三月下旬宣布停賽。期間王睿也曾經生病住院，幸好篩檢後並非感染新冠病毒，虛驚一場。

相隔半世紀的淵源

港超聯研擬復賽計畫，元朗卻是決定放棄該季的三支球隊之一，等於讓合約到球季結束的王睿提早成為自由球員，只好回到台灣自主訓練，等待新球季尋覓新東家，台灣旅外好手又一次面臨考驗。最終王睿在二〇二〇台灣企業甲級足球聯賽第三循環開踢前，回到了老東

ANGO
10
17
17

右／二〇一九年中華男足在高雄主場與尼泊爾踢友誼賽，陳浩瑋（左）帶球突破，五天後他就在國際賽兩度攻破香港大門，也獲得加盟東方龍獅的機會。

上／二〇二〇年疫情停賽期間，陳浩瑋回到台灣與前東家航源FC訓練，保持狀態。

家台中 Futuro。

然而，一如歷史與政治上的獨特關係，台港的足球也一直有著微妙的連結。王睿因為中華隊相隔五十二年再次派隊角逐亞運男足賽，獲得加盟元朗的機會，而一九六六年的前一支亞運男足中華隊仍是港腳陣容。陳浩瑋因為幫助中華隊於「後港腳時代」首次擊敗香港，才得到東方龍獅的青睞。

巧合的是，與台灣淵源最深的港腳，執教成就「飛駝霸業」，也帶過中華隊的教頭羅北，球員時代正是在東方隊發跡。一九七一年，他自港甲掛靴後轉任教職，帶的第一支足球隊就是元朗，隨後才來台執教。

這樣牽起半世紀的淵源，陳浩瑋與王睿得知後都直呼不可思議。不論兩人能否取得成功，只要東方之珠依舊燦爛，我們就有足夠的理由相信，未來仍會有其他寶島足將來此挑戰，檢視他們有沒有本事躍上更大的職業舞台。

十【中華男足人物特寫】陳昌源：足球貴公子

天使或許不像上帝那樣萬能，但在所有的神話故事中，天使都代表著希望的曙光。曾被譏為「足球沙漠」的台灣，到二〇一〇年之後竟然又能吸引上萬球迷到場，關鍵人物則非台、法混血的「足球貴公子」陳昌源（Xavier Chen，夏維耶）莫屬，他或許不能解決台灣足球的困境，卻的確讓沙漠湧現希望的綠洲。

陳昌源的故事非常戲劇化，二〇〇九年，時任足協公關媒體組長的陳家銘玩足球線上遊戲時，不經意發現「Xavier Chen」這個名字。由於姓氏明顯有華裔色彩，好奇的陳家銘進一步了解，就此揭開了這段神奇的緣分。

線上遊戲　串起台灣情緣

原來這位Xavier Chen不是普通玩家，而是比利時甲級聯賽梅克倫隊的當家右後衛，不但有華裔血統，還真的就是個「台灣囝仔」，陳昌源的爸爸是台灣人，媽媽則是法國人，他在一九八三年出生於比利時，有個中文名字陳昌源。

THANK
YOU
#8
XAVIER

右上／二〇一一年陳昌源（右）拿到身分證後，立刻趕去向爺爺陳哘生報告。

右下／熱情球迷在中華男足對巴林的陳昌源引退賽，舉著他的加油海報。

上／陳昌源告別賽揮別球迷的感人畫面，出現在他的紀錄片《敢夢者：最後一擊陳昌源》中。

把他帶到十二歲大的爺爺陳昕生曾服務公職四十二年，前半在軍中、後半在外交部，當時正住淡水的養老院。

而且陳昌源不但是職業足球員，年薪超過七十萬歐元，當過比利時U19代表隊隊長，還頂著布魯塞爾大學法律系碩士的高學歷，混血長相酷似藝人費翔。二〇一〇年在陳家銘力邀下訪台，就掀起一陣旋風，也埋下代表中華男足出賽的伏筆。

「能夠代表爸爸、爺爺的國家出賽，是很大的榮耀！」在足協理事長盧崑山的力邀下，陳昌源考慮了一年之後，開始啟動代表台灣出賽的程序，該年五月，陸續取得華僑身分證明書與中華民國護照。但如果要代表中華隊出征世界盃資格賽，亞足聯要求得有身分證。最後在各方努力下，排除萬難，體委會於內政部移民署召開的審查會替其運動專業背書，才以「專業人士」特案通過。

領到身分證　爺孫感動相擁

六月二十日，陳昌源終於在淡水戶政事務所領到中華民國身分證，隨即趕往養老院向九十六歲的爺爺陳昕生報告。陳昌源拿著身分證、爺孫倆驕傲相擁的溫暖畫面令人動容。

中華男足當時要在二〇一四世足亞洲資格賽首輪，與馬來西亞進行主客兩回合對決。由於手續關係，陳昌源沒能趕上六月二十九日首回合客場，中華隊也以一比二飲恨，不過千呼萬喚始出來，陳昌源於七月三日台北田徑場的第二回合終於粉墨登場。

足球貴公子的台灣處女秀，竟然吸引一五三三五人湧入台北田徑場，創台足近二十年最高紀錄。陳昌源不但沒有讓觀眾失望，甚至好得超乎預期！除了防守滴水不漏，作為後衛的他甚至貢獻了進球。第七十五分鐘，中華隊獲得了十二碼球，但因前一球陳柏良已經罰丟，總教練羅智聰選擇把重任交給了陳昌源。

「我當時會交給昌源去罰，是因為當天連我們本土最好的陳柏良都已經罰丟過一次，沒有其他人能夠扛住這種壓力，只有信任職業經驗最豐富的昌源！」羅智聰說。

全場屏息以待，陳昌源冷靜將球踢進球門右上死角，助中華隊以三比二反超。不過因為「客場進球規則」，中華隊主場得贏兩球才能晉級。羅智聰將陳昌源推上右中場搶攻，終場前他甚至獲得邊路傳中的頭槌機會。可惜那球如詛咒般地頂得太正，沒能成為帶領中華隊晉級的奇蹟進球。

一萬五千人見證　處女秀罰球破門

「我從來沒想過會在代表台灣的第一場比賽進球，至於後來的頭槌，如果進就太神奇了。作為一個後衛，我從沒有單場攻進兩球，我無法想像。那是個很棒的傳中球，如果是真正的前鋒，我想我應該要進，也許我頂的力道還不夠吧……」

陳昌源的處女秀有驚奇也有遺憾，唯一不缺的是滿滿的感動，中華隊沒有晉級，讓許多球員和觀眾當場落淚，也令陳昌源到隔日受訪仍悸動不已。

「我踢了七年職業足球，沒有看過任何職業球員哭過，從來沒有！但昨晚我看到好多人哭，看到隊友在哭、球迷在哭，大家不是為了金錢，純粹是為了足球落淚，這真的讓我非常感動。」

陳昌源的處女秀無比轟動，他在賽後將球衣拿給爺爺陳畊生，更是感人佳話。然而因為作業與溝通細節，足球貴公子代表台灣的第二戰令人望穿秋水，直到二〇一五年春天開啟的二〇一八俄羅斯世足資格賽，陳昌源才重披台灣戰袍。

由於腳傷，陳昌源缺席了首輪對汶萊的主客兩回合對決。幸好中華隊逆轉晉級，陳昌源也在世足亞洲區第二輪資格賽首戰，二〇一五年六月十六日主場對泰國之戰正式歸隊。客隊粉絲捧場與足球貴公子的號召力相互輝映，台北田徑場兩萬張門票賽前就被索取一空，後來也促成足協開始實施主場售票制度。

戰越送助攻　遠射破星國

陳昌源在該次世足資格賽共替中華隊出賽四場，除了右後方的防守始終滴水不漏，三十二歲的他也在進攻上做出貢獻。九月八日主場對越南之戰首次售票，陳昌源在台北田徑場爆滿的兩萬名球迷面前，操刀自由球助攻吳俊青頭槌破門，可惜中華隊在補時階段遭進球絕殺，以一比二飲恨。

十月九日在台北田徑場對澳門的國際友誼賽，陳昌源還掛上隊長袖標，並攻入個人國家隊生涯的第二球，率領中華男足以五比一大勝。不過十一月十七日高雄主場對伊拉克之戰，陳昌源因腿傷缺陣，隔年初則因機票爭議，感覺未受足協尊重，宣布拒絕國家隊徵召，至隔年五月五日才再次回歸。

陳昌源重返國家隊是二〇一七年六月六日，在二〇一九亞洲盃第三輪資格賽作客新加坡。中華隊該系列賽首戰主場不敵土庫曼，先吞一敗，陳昌源再次帶來希望。第三十一分鐘，〇比一落後的中華隊在大門正前方約二十四碼處獲得自由球，陳浩瑋射門被人牆擋出，陳昌源在球落地前直接於罰球弧頂起右腳抽射，漂亮踢進球門右下死角扳平比數。第六十分鐘，陳昭安頭槌破門，助中華隊以二比一逆轉勝出。

台足要專業　退役不動搖

陳昌源國家隊生涯攻入三球，兩場正式比賽與一場友誼賽，都助中華隊拿下勝利，絕對是不折不扣的福星！但他帶給台灣球迷的美好時光，卻也悄悄接近了尾聲。因為在二〇一七年五月比甲聯賽球季結束時，陳昌源已宣布結束職業生涯，那年九月還升格當了爸爸，不論工作或家庭都邁入了新的階段。再加上困擾他十年之久的痼疾找上門來，似乎也是個訊號，促使陳昌源在十月十日主場對巴林戰前做出決定，並於比賽前一天正式向媒體透露。

「雖然是個很困難的決定，但明天對巴林可能是我生涯最後一場足球賽了。」陳昌源的話讓記者非常驚愕，卻也聽得出來這是他慎重做出的決定。「退休對我而言是非常困難的決定，很多球迷會哭？也許我自己都會哭。這是個難過的時刻，畢竟我踢了這麼久的足球，幾乎踢了一輩子，但有的時候你得停下來，做出決定。」

「我做出這個決定，並不是因為我找不到球隊可以踢，只是覺得這是個合適的時間喊停了。我已經三十四歲，愈來愈老，職業足球也踢了十七年，很開心，我對我的生涯很滿意，是時候把位子交給未來的新球員了。」陳昌源強調，自己繼續踢國家隊，對中華隊並不是好事，「因為台灣足球需要更『專業』，但國家隊持續徵召一個已經退役的球員，是很不專業的事。雖然我很享受來到中華隊，但我不踢對台灣足球才是好的。」

陳昌源透露退意時，其實左小腿脛骨有著厚重的包紮。原來已經卸下職足球員身分的他，為了中華隊展開自主訓練，結果十年前曾經骨折、植入鋼釘的左小腿脛骨開始疼痛，賽前四週前檢查發現傷處又有裂痕，比賽前一天仍只能做輕度訓練。

負傷上陣　精彩助攻完美告別

就這樣，一直作為中華隊的模範生，在退休這天竟然無法以最佳狀態上場。足球貴公子能像他技驚全場的台灣首秀一樣，於「最後一擊」留下完美的下台身影嗎？

答案或許大家已經知道了，但相信眾多球迷每次回憶起這場比賽，內心還是澎湃不已。二〇一七年十月十日，中華男足在亞洲盃資格賽遭遇勁敵巴林，前役客場對決，中華隊才以〇比五慘輸。儘管左小腿脛骨腫脹，陳昌源仍穿著中華隊的八號球衣，踏上他多次感動台灣球迷的台北田徑場綠茵，職司先發右後衛。儘管在比賽中多次露出身體不適的痛苦表情，陳昌源還是憑意志力踢滿了全場。中華隊開賽十八分鐘就失球落後，〇比一的分數一直來到接近補時階段，眼看巴林準備倒數迎接客場三分落袋，奇蹟卻發生了！

第八十九分鐘，陳昌源右路內切，用帶傷的左腳送出漂亮過頂傳球，「台灣隊長」陳柏良左路包抄，搶在門將前墊射破門，一舉扳平比分。台北田徑場近萬球迷陷入瘋狂，中華隊乘勝追擊，補時階段陳浩瑋左前場拿球，起腳吊中助攻朱恩樂頭槌破門，二比一，中華隊拿下不可思議的逆轉勝！

「我無法想像我的最後一場比賽會這麼令人激動，我的最後一場比賽不可能更棒了！」陳昌源賽後激動落淚，拿著國旗向觀眾揮手告別。儘管中華隊獲勝，陳柏良等隊友奮力挽

上　／陳昌源紀錄片團隊捕捉他在告別賽前一天帶傷訓練的畫面。

左上／台灣球迷在告別賽熱情支持陳昌源的畫面，也留存在紀錄片中。

左下／發起人兼製片人林凡舜（左）與陳昌源在記者會分享紀錄片的拍攝點滴。（李開明攝）

敢夢者

留，陳昌源還是說：「我在賽前就已經做出決定，無論比賽的結果如何，這就是我的最後一場比賽了。」

「就是一股信念而已，就像我一直強調的，中華隊需要更多的自信，球員們很有天分，只是需要有信心，」陳昌源說：「這一次，即使我們到終場前還以〇比一落後，但是所有人到最後一刻都始終相信，是的，我們會進球，我們繼續努力，我們會贏。進了第一球之後，第二球就跟著來了，我一點也不感到驚訝。」

對巴林攻入的追平球，是陳昌源和陳柏良兩位當代台灣最強足球員完美合作的成果。除了陳昌源，台灣很難有球員能用非慣用腳送出那麼完美的傳球，尤其那是他舊傷復發的左腳，還要扛住無比的壓力。

同樣的，不論是啟動的直覺，後來居上的加速爆發力，還有最後一腳射門的完美掌握，台灣或許也只有陳柏良能夠那樣把球送入門內。這樣的合作，隨著陳昌源退休而成為絕響，卻將永遠留在這一代台灣足球迷的回憶中。

敢夢者　最後一擊撼動人心

陳昌源的球員生涯告一段落，他帶給台灣足壇的感動卻還沒結束。二〇一八年六月，他又回到台灣，宣傳以他為主題拍攝的紀錄片《敢夢者：最後一擊　陳昌源》（註），不但披露了許多不為人知的畫面，包括父親分享當時為何讓陳昌源去念法律系，以及他成為「源爸」後與寶貝女兒的感人互動。最重要的，是他如何負傷完成雙十對巴林告別賽的「最後一擊」，真的是「不可能的任務」。

片中記錄了陳昌源在告別賽負傷先發，於中場休息進入防護室，請隊醫吳致寬替他打止痛針的一幕。扎針的畫面令人揪心，卻也顯示出陳昌源無論如何也要踢完這場比賽的決心。

「記得當時診斷他的傷勢，MRI和放射科醫師討論後，沒有看到骨折的情況，只有嚴重的發炎。但他的傷可能禁不起太激烈的衝擊，上場有點賭博性質，醫療端只能想各式各樣的方法讓他不痛。」吳致寬坦承，正常情況是不會建議有這樣傷勢的球員上場比賽，「他之前骨頭就是斷同一個地方，再被踢到一次就一定完了。」

也就是說，如果不是當作人生的最後一場比賽來踢，根本不會帶著如此傷勢上場。陳昌源就是抱著這樣壯士斷腕、破釜沉舟的決心，以絕妙的追平助攻完成完美告別。明白這些背景，就能知道陳昌源的引退是吃了秤砣鐵了心了。

另一方面，由於紀錄片是製作人林凡舜於二〇一七年開始籌拍，當時陳昌源的爺爺陳畊生已經過世，沒有出現在片中。但對於了解陳昌源故事的粉絲來說，卻能夠感覺到爺爺的影子。陳昌源在片中悼念祖父母，代表爺爺、父親的祖國出賽，是促成陳昌源披上中華隊戰袍的因。足球貴公子如今也成為父親，讓這道血脈繼續傳承下去。

職業風範　舉手投足皆成楷模

血脈相連，陳昌源開啟台裔足球員效力中華隊的風潮。隨後又有殷亞吉、周定洋、沈子貴（Will Donkin）、蔡立靖（Emilio Estevez Tsai）等好手跟進，但足球貴公子豎立的典範很難超越。儘管陳昌源就替中華隊踢了九場，可貴之處卻不僅是以後衛身分貢獻超高效率的三進球二助攻，而是他確確實實讓這一代的本土國腳見識到何謂「職業風範」。

陳昌源在二〇一五年重返中華男足，時任總教練為陳貴人。世足資格附加賽對汶萊之戰，陳昌源因小腿受傷缺席主場首回合，也無法隨隊出征汶萊，結果他把自己的球衣等服裝配備自費送洗後，摺得整齊交給教練團，並表示，「這些我用不到了，繳還給球隊。」讓陳貴人印象極為深刻。

「昌源真的很客氣，一點也不大牌。」陳貴人說。

更令人佩服的是，當時為了激勵球員，足協理事長林湧成開出擊敗汶萊三百萬獎金的支票，結果中華隊真的逆轉晉級。但陳昌源認為自己並未前往汶萊，堅持不領自己的部分，後來平分給了其他隊職員。

中華隊賽前住宿下榻飯店時，陳貴人知道陳昌源的足球素養，有時也邀他到房間和教練團聊天交換意見。而令陳貴人吃驚的是，明明住同一層樓隔幾道門，陳昌源按門鈴時，竟然穿著全套中華隊練習服與運動鞋赴約。知道以自己的國腳身分，一舉一動都代表著台灣，職業風範可見一斑。

「昌源在場上的指揮、展現的比賽經驗，都讓小老弟學到很多。另外，他在場內外不時讓人看到的職業風範，更是後輩的無價之寶。說他是中華隊的楷模，我想並不為過。」陳貴人說。

陳昌源卸下球員身分後，於比利時國家電視台擔任球評。他曾在訪問中表示，有考證照當教練的想法，執教中華隊也是他的選擇之一。先有爺爺、父親的血脈淵源，再有效力中華隊創造的感動羈絆，陳昌源的後半輩子當然有可能跟台灣再次相連。足球貴公子成為中華男足的總教練？相信是許多粉絲所期待的一幕。

註：《敢夢者：最後一擊　陳昌源》紀錄片由朱心磊導演執導，後更名為《球衣上的姓氏：陳昌源》。

TPE
13
13

第二章・木蘭女足

一 亞洲盃三連霸時代

一如男足，台灣開始發展女足也與香港有關。一九六八年全國萬壽盃足賽（後稱中正盃）首設女子組，為了帶起女足風氣，特地邀請香港代表隊來台參賽，結果連四年被客隊抱走后冠。此結果刺激到台灣的女足，一九七二年終於由曾文家職奪得萬壽盃女子組冠軍，隔年換台中佩登斯封后，沒再讓香港娘子軍踢館成功。

說到香港女足的啟蒙，不能不提亞洲女足的領導人物陳瑤琴。她在一九六五年創立香港女足總會，一九六八年聯合馬來西亞、新加坡和中華民國創立了亞洲女子足聯（至一九八五年才被併入亞足聯）。

一九七五年於香港舉辦首屆亞洲女足錦標賽（女足亞洲盃前身）之前，陳瑤琴率隊來台參加萬壽盃時，希望台灣推薦五名好手，組成亞洲明星隊巡迴各國，提升亞洲女足風氣。時任中華足協理事長的鄭為元將軍也舉辦了選拔賽，於隔年初選出我國首批女足培訓隊，由萬壽盃冠軍隊佩登斯教頭劉潤澤執掌兵符。

一九七七年　木蘭出征一炮而紅

儘管後來組亞洲明星隊之議沒了下文，足協仍在一九七六年底重新選拔女足國腳。經過兩個月集訓，於一九七七年一月五日出征東南亞訪問比賽。這是我國首次派女足代表隊出國比賽，更是後來威名遠播的「木蘭隊」起源。

原來當時因為政治因素，中華女足這趟出征泰國、新加坡、印尼的訪問比賽，無法以中華民國為隊名，改於球衣繡上「木蘭」兩字，旨在向古代「代父從軍」的花木蘭致敬。結果此次巡迴踢出八勝一和、進三十球失二球佳績，「木蘭」自此成為中華女足的代名詞，揭開了叱吒風雲的一頁。

根據前民生報資深記者何長發統計，木蘭女足成軍的頭十年，在國內外踢出五十六場不敗、五十二勝四和的驚人佳績。能有這樣出色的成績，主要是台灣女足起步較早，鄭為元將軍也有眼光抓住這個契機，而被尊稱為「木蘭之父」。

一九七五年，亞洲女子足聯舉辦了首屆亞洲盃。木蘭當時尚未成軍，首屆六隊角逐還包括澳洲、紐西蘭，由紐西蘭封后。一九七七年八月，我國於台北市立體育場舉辦第二屆女足亞洲盃，共有泰國、新加坡、香港、印尼和日本等五支外隊來台角逐。中華隊也在開幕戰兩萬名觀眾面前，以五比〇輕取印尼，拿下在國內舉行的首場女足國際賽勝利。

預賽第二戰，中華隊再以七比〇痛宰日本，四強三比〇完勝新加坡。八月十一日冠軍戰，中華隊在現場三萬人加油下，終場前六分鐘由夏翠鳳於亂軍中破網，以一比〇氣走泰國，四戰全勝零失球首度「亞洲制霸」。也是我國自一九六七年舉辦男足的亞洲盃東區預賽之後，再次掀起足球熱潮。

征服香港　亞洲盃三連霸

巾幗不讓鬚眉，一九八〇年一月，中華女足由教頭張騰雲領軍，前往印度角逐第三屆亞洲盃，又以六勝一和、零失球的戰績衛冕成功。其中七戰攻入十九球，當時未滿十七歲的周台英就貢獻五球，獲頒「最佳球員獎」。

隔年六月，第四屆亞洲盃於香港舉辦，中華女足由高庸領軍，又是以五戰全勝、零失球的表現完成三連霸。其中預賽一〇比〇大勝印尼，周台英一個人就攻入五球，準決賽一比〇勝地主香港也拜其破門所賜。決賽她再貢獻兩球，幫助中華隊以五比〇輕取泰國。最後木蘭女將抱回金盃，時任足協理事長的蔣緯國將軍還到中正機場接機，表示自己被木蘭隊的精采表現給感動，是以球迷的身分前來。

香港作為亞洲最早發展足球的地區，中華女足在此完成亞洲盃三連霸，別具一番意義。該屆攻入十球的周台英回憶說：「賽前覺得香港有一種氛圍，懷疑『女生踢球能看嗎』？

上／一九八四年十二月十七日，由SSG09俱樂部化身的西德隊在世界女足邀請賽衛冕成功，全隊擁抱慶祝。（中國時報資料照片）

下／一九八四年十二月十七日，錯過世界女足邀請賽冠軍的木蘭隊成員在場中落淚。（中國時報資料照片）

結果在旺角球場對印尼，賽後兩、三萬人湧進場內，那一幕真的很瘋狂，我們征服了香港球迷。」

一九八三年曼谷亞洲盃，中華女足卻放棄尋求四連霸，原因無非又是國際政治。其實，中共早在一九七四年就取代中華民國在亞足聯的會籍。不過亞洲女子足聯當時不是國際足總認可的組織，因此草創時期的前四屆女足亞洲盃，中華隊除首屆沒趕上，後三屆都奪得后冠。

到了一九八三年，國際足總下令亞洲女子足聯必須納入亞足聯管轄，變為亞足聯的女足委員會。同時在「洛桑協議」已經簽訂的情況下，要求中華女足必須以奧會模式重新登記，也就是以「中華台北」為名出賽。

在當時時空環境下，為了避免與中共同場比賽，我國選擇退出亞洲女子足聯，於一九八六年加入大洋洲女子足聯，並於該年及一九八九年兩度角逐大洋洲盃女足賽，都抱回冠軍。

風起雲湧　創辦世界女足邀請賽

還記得男足轉戰大洋洲盃，對後來足運的影響嗎？女足可不一樣！因為台灣女足起步得早，當時水準不僅是亞洲第一，放上世界女足版圖也能一搏。在那個還沒有女足世界盃的年代，台灣已於一九七八年主辦第一屆「世界女足邀請賽」，舉起舞動世界女足風氣的大旗。

一九八一年十月舉辦的第二屆世界女足邀請賽，適逢中華民國建國七十年，更被賦予在「光輝十月」慶祝建國的重任，邀請來自世界四大洲，印度、法國、美國、西德、芬蘭、挪威、荷蘭、瑞士、菲律賓、泰國、紐西蘭、海地的女足隊，與我國的木蘭、良玉展開為期十二天的賽事。

根據足協估計，當時十二天四十九場比賽於台北、台中、高雄熱戰，吸引超過三十萬觀眾到場。儘管不是正式比賽，時任亞足聯祕書長維拉潘（Peter Velappan）也來台觀禮，重要性可見一斑。

世界女足邀請賽一直到一九八七年，木蘭隊以七戰全勝首次留下金盃才走入歷史。這項賽事不但讓國人在國際局勢艱困的時候，得以靠女足來揚眉吐氣，也真的對當時世界女足的發展做出貢獻。箇中意義甚至到了將近四十年後，透過一部德國運動紀錄片《台北的奇蹟》（Das Wunder von Taipeh），才有了更明白的披露。

女足風靡　感動西德譜台北奇蹟

原來一九八一年在台北捧盃的那支西德隊，並不是國家隊，因為一九八一年的西德根本還沒有女足國家隊。足球在德國是非常男性的運動，一九七〇年後才允許女性參與，當時收到台灣的邀請函，西德足協也毫無選拔女足代表隊的意願。

儘管德方婉拒，但中華足協鍥而不捨，回覆能派非國家隊也行，邀請函才被轉到離科隆不遠的小城貝吉施格拉德巴赫（Bergisch Gladbach）。當地俱樂部 SV Bergisch Gladbach 09（簡稱SSG09）的女足隊，已連四年拿下全德冠軍。

對於能在世界舞台測試自己的身手，這群女孩們躍躍欲試，但當時把女生踢球當笑話看的西德足壇可不支持。足協明確表示，「世界女足邀請賽」並非正式比賽，他們一毛錢補助也不會給。最後這支不被承認為國家隊的女足隊，靠著球員四處尋求贊助、兼差賣鬆餅打工，才在市民、鄉親父老的捐款資助下，搭機飛往遠東的台灣。

真的是《台北的奇蹟》，那支女足隊最後抱走了冠軍。不過讓這些西德女孩驚奇的是，在這座島上的女孩可以踢球，是她們非常棘手的對手（雙方交手踢平），而且女足運動在台灣非常風行，十二天比賽可以吸引三十萬觀眾，台灣郵局甚至發行了有女足隊圖案的郵票，跟她們在西德被輕視、看衰的情況完全不同！

奇蹟的球隊凱旋歸國，沒有任何足協官員接機，但她們最終粉碎了性別歧視與刻板印象，隔年西德足協終於成立女足國家隊，其中八人包括首任隊長特拉班特（Anne Trabant），都來自SSG09。

現今提到德國女足，大家讚揚的是二屆世界盃、八屆歐洲盃冠軍的輝煌功勳，殊不知她們隊史在一九八一年首次奪冠的歷史紀錄。那段《台北的奇蹟》始終不被德國足協所承認，但無論如何，特拉班特證實了台灣女足當年的風起雲湧，確實鼓舞了德國女足運動的先驅者。

二 首登世界盃到亞洲四強年代

一九八〇年代，我國政情與國際局勢都開始有所轉變。不再堅持「漢賊不兩立」的情況下，一九八九年七月，我國在國際足總執委會的同意下，以奧會模式重返亞足聯。該年十二月香港亞洲盃，中華女足重返亞足聯後的首場比賽，就在大會的刻意安排下，上演了兩岸足球歷史性的第一仗。

該屆亞洲盃，中華女足由蕭永福領軍，首戰以〇比一惜敗中國。接著連勝泰國、北韓，四強靠周台英攻入全場唯一入球，以一比〇氣走日本。在香港大球場的決賽再戰中國，可惜被後衛馬莉攻破大門，以〇比一屈居亞軍。

亞運首設女足　我首次負日無緣獎牌

接著就是一九九〇年北京亞運，這是兩岸體育破冰後首次在綜合性運動會碰頭，也是首次設置女足賽事。時任足協理事長武士嵩矢志奪金，請來台體傳奇教授陳定雄執掌兵符，並把女足代表隊送到歐洲移地訓練。

未料在六隊單循環賽中，中華女足先被北韓逼和，再以一比三負日，最後一役對地主中國只能爭銀。而在十個月內第三度以〇比一負陸的結果，讓中華隊僅以二勝一和二負，第四名作收，連銅牌都沒摸到。

「代表隊十幾年來第一次輸給日本，就在這場重要比賽裡。」中華女足傳奇前鋒周台英回憶起那年中秋節在北京亞運負日的低氣壓，「那股挫折、失落、不能相信的情緒久久不去，那份打擊是可想而知的。」

當時臨危受命，集訓中途出任領隊的龔元高，也娓娓道來亞運失利的箇中祕辛，「因為陳定雄非常嚴格，女球員集訓時向足協反映受不了軍事訓練，足協只好找我當領隊，去扮演球員和教練之間的橋樑，可惜未竟全功。」

事後來看，兵敗北京有很多複雜原因。畢竟陳定雄在一九八〇年代，曾以總教練與領隊身分帶領木蘭女足，也曾於世界女足邀請賽擊敗德國，以及大洋洲盃兩度封后佳績。多年後，陳定雄在個人傳記中回顧這段歷史，則說當年女足隊集訓時間太長了。從一九八九年大洋洲盃以來，幾乎一直在集訓備戰，造成後來球員看到球都厭煩，才會鎩羽而歸。

重振旗鼓　ＰＫ搶進首屆世界盃

龔元高在一九八一年創立飛馳公司，一九八八年開辦上班族聯賽，一九九〇年受邀擔任「中華盃」男足邀請賽領隊。亞運救援女足雖未成功，仍繼續被武士嵩委以重任。因為國際足總終於要開辦女足世界盃，一九九一年福岡亞洲盃就是世足資格賽。亞洲原本僅有兩張門票，但因中國有地主保障名額，中華女足只要拿下前三就能進軍首屆世界盃。

「在北京亞運的低潮後，要把國家隊重新組織起來。我一一去拜會球員母隊的校長、教練，獲得他們全力支援。」福岡亞洲盃是龔元高首次全程以領隊身分組織球隊，由張子濱領軍，雖然小組首戰〇比三負陸，仍以一勝一和一負、A組第二晉級。

四強準決賽，中華隊與地主日本〇比〇僵持不下，可惜PK戰以四比五告負，錯過挺進決賽直接殺入世界盃的機會，只能兩天後在季軍戰與北韓搶搭世界盃末班車。雙方又是〇比〇打到PK戰，中華隊門將洪麗琴擋下一球，第五點陳寶猜也操刀破門，木蘭女將終於完成此行任務，搶下了世界盃門票。

首屆女足世界盃於一九九一年十一月登場，透過資格賽晉級的十二支娘子軍在中國的廣州、佛山、江門、中山等四個城市激戰。為了備戰歷史性的首屆世界盃，龔元高先協助當時在日本踢球的周台英、謝素貞、許家珍，解決她們跟母隊請假的問題，得以回台參與集訓，穩住球隊核心，中華女足也就吃下了定心丸。

教練團方面，鐘劍武、陳炘也入列襄助張子濱與陳茂全，全隊並拉到昆明海埂高原基地做最後衝刺，下山就直接殺往世界盃。龔元高形容，經過高原訓練提升心肺能力的中華女足，狀況有如「出柙猛虎」，士氣高昂。

上／出征一九九一年首屆女足世界盃的中華隊。

下／一九九一年十一月，首屆女足世界盃在廣州天河球場舉辦開幕典禮。

上／首屆女足世界盃開打前，中華隊與河北長化女足踢練習賽，左一為中華隊隊長羅居銀。

下／中華女足領隊龔元高（中）世界盃期間於飯店宴請總領隊包德明（左二）與隊醫等。

1991.11.16中華女足隊龔元高在飯店宴請剛入住包德明總領隊、隊醫等

十人擊退奈國　木蘭昂首進八強

儘管在C組先後以○比五、○比三分別輸給義大利、德國，中華女足十一月二十一日只要在江門體育場取勝奈及利亞，仍有機會以小組第三挺進八強，達成行前設定目標。只是不但要勝，還得贏奈兩球才行。

「那場比賽攸關三大洲，奈及利亞贏就晉級，中華隊則得贏兩球，B組的巴西則需要我們踢平，才能漁翁得利，巴西籍的國際足總主席（João Havelange，夏維蘭治）就在看台上觀戰！」

龔元高笑說，一場攸關三洲國家晉級門票的戰役，中華隊竟然因為守門員林惠芳禁區外犯規，先被紅牌罰下一人，陷入十打十一的人數劣勢，「還好球員臨危不亂也夠爭氣，林美君、周台英先後進球，剛好就是贏奈及利亞二比○，我們殺進了八強！」

有趣的是，當時因林惠芳吃紅牌，中華隊要換上另一位門將頂替，只好撤下年輕的劉秀美。劉秀美說：「當時年輕，下場機會不多，好不容易被排正選，怎知守門員被罰出場，我被換下，破了最快下場紀錄……」不過劉秀美後來成為國際裁判，在二○○三、二○○七年兩度參與女足世界盃執法，以球員、裁判身分都參與過世界盃，也是台灣第一人。

三天後在佛山的八強淘汰賽對決後來奪冠的美國，中華女足以○比七結束首次世界盃之行。然而作為世界女足的先驅者之一，台灣在首屆世界盃沒有缺席並打入八強，已意義非凡。只是在歐美起步之後，我國搶先發展女足的「紅利」已經不再，也是明顯的事實。

其後兩屆世界盃，中華女足都有機會拿到門票。一九九五瑞典世界盃以一九九四廣島亞運為亞洲區資格賽，我國由謝志君領軍，與中國、日本、南韓拚搶兩張世足門票。可惜關鍵戰〇比三負日，最後雖以一勝二負拿下銅牌，也是我國女足迄今唯一一面亞運獎牌，卻無緣第二屆世界盃。周台英也在該屆亞運之後，宣布結束十九年國家隊生涯。

兩度負日　無緣重返世界盃

一九九九年美國女足世界盃，首度從十二強擴軍至十六強，亞洲也增為三張門票，以一九九七亞洲盃為資格賽。中華女足由高庸領軍出征廣東，小組賽二連勝、七進球〇失球出線。未料四強對上中國，竟以〇比十遭到血洗，迄今仍是兩岸女足對戰最懸殊比分紀錄。

「中國那時超強，我們似乎被耍著打。」當時的隊長楊雅晴回憶。慘敗給中國之後，全隊還是努力保持士氣，畢竟兩天後季軍戰對日本，獲勝仍可搭上世界盃末班車。不過從一九九四廣島亞運首度負日，一九九五亞洲盃遭遇也以〇比三吞敗，中華隊當時已逐漸拿速度快的日本沒輒。一九九七亞洲盃季軍戰，也被年僅十九歲的新星澤穗希攻入兩球，以〇比二無緣世界盃。

上　／中華女足首屆世界盃國腳謝素貞當時是旅日好手。

左上／中華女足在首屆世界盃的三位門將林惠芳（左起）、洪麗琴、劉秀婷。

左中／女足世界盃晚宴，中華隊劉秀美（左一）、陳淑珠（左三）與同組的義大利球員合照。

左下／後來成為國際裁判的劉秀美（左一）在二〇〇七年女足世界盃執法，成為台灣以球員、裁判身分都參與過世界盃的第一人。

第一
1ST FIFA
REFEREE
FIFA
adidas

由於奧運從一九九六亞特蘭大開始舉辦女足賽，但頭兩屆都是取主辦國與前一年世界盃的前七名來踢，中華女足沒打進世界盃，也就無緣奧運。此外，就名次而言，兩次無緣世界盃都是一步之差，但以一九九七亞洲盃遭中國痛電十球來看，這差距已經不是普通的大了。

一九九〇年代，中華女足保持在亞洲四強，卻撐得愈來愈辛苦。對中國肯定贏不了，碰北韓自一九九一亞洲盃季軍賽的ＰＫ戰後，也沒勝過。至於早年曾拿過對戰六連勝的日本，中華女足從一九九〇亞運首度負日後，到一九九八曼谷亞運銅牌戰以一比二飲恨，已苦吞對戰八連敗（含ＰＫ敗），選擇在亞運失利後做出一波大換血。

「也該換了，別的國家都陸續在培養，所以我們更要對年輕人有信心。」楊雅晴說。

曼谷亞運失利也有一段小插曲。據傳當時國光獎金加上加碼，打入決賽每人可領新台幣一百七十萬，結果中華隊和北韓以一比一打到ＰＫ大戰，直到第八點才飲恨落敗，後來被形容為「那一年學姊失去嫁妝的一場比賽」。曼谷亞運後掛靴並真的在隔年訂婚的楊雅晴莞爾表示，「進決賽獎金多少我不太記得了，應該是有一百萬。畢竟不是筆小錢，不管有結婚或沒結婚的，應該都很心疼吧……但也是大家最美好的回憶。」

木蘭集訓　九二一震不垮

一九九九年菲律賓亞洲盃，中華女足由銘傳班底變為以醒吾為主體。醒吾董事長顧懷祐出任領隊，張明賢執掌兵符，展開了魔鬼集訓，該屆的新科國腳陳淑瓊還分享了段插曲。

「那時非常操，我們住在桃園體育場長期集訓，還碰到九二一大地震！」陳淑瓊回憶起那個全台灣民眾都餘悸猶存的夜晚。不同的是，大部分民眾是在家中受驚，這群娘子軍卻是像當兵般住在體育場，「大家都被嚇醒，全部跑到跑道或草地上，當時手機簡訊沒辦法聯絡家人，很可怕。」

體驗過大自然的力量，足球場上的震撼似乎不算什麼了，九二一反而讓這群女孩的心臟強大不少。該年十一月出征亞洲盃，射腳林綺苡、黃春蘭在預賽大開殺戒。儘管對北韓以一比一踢平，以A組第二出線，反倒在四強避開了尋求七連霸的中國隊。

龔元高當時為了激勵球員，承諾打入四強就發全隊三十萬獎金。出線目標達成後，龔元高加碼若打入決賽再發一百萬，就看木蘭女將能否領到這筆獎金了。

陳淑瓊罰踢破門　射日勇奪亞軍

四強碰上對戰八連敗的日本，打出士氣的中華女足一開賽就壓著日本猛攻，上半場只讓對手射門一次。第三十一分鐘，李明恕單刀殺入禁區，造成守門員犯規，陳淑瓊主罰十二碼球中的。先馳得點的木蘭女將得理不饒人，兩分鐘後由林綺苡在左路突破，於禁區外遠射破門，讓中華隊上半場就奠定勝局，最終也以二比〇射日，睽違十年重返亞洲盃冠軍戰。

「我人生中最重要的一次罰球？應該算是吧！」陳淑瓊表示，集訓時都有罰球訓練，她的狀態一直不錯，才被教練團賦予第一罰球手的重任。「我對自己的罰球滿有信心的，而且這麼神聖的使命，我更不能讓大家失望。我的習慣就是面對球門瞄右邊門柱欺敵，讓守門員撲錯邊，實際上是踢左下角，順利把球踢了進去！」

這也是中華女足自一九八九年的亞洲盃四強賽後，再次於正式國際賽擊敗日本。儘管冠軍戰仍以〇比三不敵中國，但這座亞洲盃亞軍讓中華女足燃起希望，彷彿十年來打不贏北韓、日本的低谷已經過去，「亞洲制霸」的阻礙只剩中國，木蘭榮光即將再次閃耀了嗎？

三　跌出亞洲前四的挫折年代

一九九九年的亞洲盃亞軍，讓中華女足有理由樂觀迎接二十一世紀。尤其是該次集訓的模式奏功，足協當然希望延續下去，以這批亞軍班底為主體，在二〇〇二釜山亞運更上層樓。尤其我國又取得二〇〇一年亞洲盃的主辦權，剛好可以一鼓作氣。

睽違二十四年　再度主辦亞洲盃

二〇〇一年十二月四日，第十三屆亞洲盃女足賽在台北揭開序幕，共有十四隊展開角逐。這也是我國繼一九七七年之後，再次舉辦亞洲盃，也是這項賽事正式納入亞足聯管轄後的第一次。

中華女足為了在國人面前踢出佳績，於高雄左訓中心集訓備戰了五個月。行銷方面也有特點，還推出眾女將的二〇〇一台北亞洲盃紀念球員卡，讓粉絲爭相收藏。

中華隊與南韓、馬來西亞、泰國、印度分在A組，拿下分組第一才能穩入四強，分組第二則得與B組第二比較成績。由於B組有北韓、日本雙強，中華隊要晉四也是拿A組第一最保險。而從一九九〇年代的對戰紀錄來看，中華女足當時並沒有「恐韓症」（指南韓）。

為了預防和B組第二比拚成績，中華隊也要力拚球數，開幕戰以十四比〇血洗馬來西亞，隨後對印度、泰國都以五比〇大勝。在淨勝球多了十球的情況下，中華女足十二月十日在中山足球場對陣南韓，也取得踢平就能晉級的優勢。

支柱倒地　不敵南韓首次無緣四強

「南韓打球很粗暴，而且有針對性，拐子、惡意針對腳的鏟球與拉扯各種動作都來，伺機取勝。」中華隊當時的當家後衛陳鞠伎說：「我就是其中一位受害者。事後來看，她們當時的戰術奏效了。」

陳鞠伎身高一七八公分，是中華女足後防的擎天一柱，也成為這場台韓大戰的關鍵。是役第三十三分鐘，陳鞠伎被南韓前鋒車成美惡意鏟傷腳，到場邊治療，未料竟變成勝負的分水嶺。

「治療完，我、教練與邊審一直向主審示意要進場。當時底線球出界，南韓角球機會。我是可以進場的，但主審不理會邊審及我們。」陳鞠伎無奈地說：「我在場外望著角球發起，就這樣被進球了。」

落後的中華隊立刻發動反攻，但張慈云的遠射被門將封出，下半場陳淑瓊射中門柱，李明恕的單刀球也被門將所阻。屢攻不下的中華隊以〇比一不敵南韓，多名女將賽後在休息室哭成了淚人兒。

負韓使中華隊晉級變成「不可能的任務」，只能寄望預賽最後一天泰國別輸南韓，或者B組日本贏不了越南。因為日本當時的淨勝球＋二十六優於中華隊的＋二十三，跨組比球數也不利。最後這兩個奇蹟都沒有發生，台灣相隔二十四年再度舉辦亞洲盃女足賽，中華隊卻首次無緣四強。

「失球後我們有好幾波進攻機會，但無法破門扳回，真的很可惜。」那次主場負韓，對陳鞠伎尤其是椎心之痛，「其實那年最難過的，是亞洲盃開賽前一天下午我媽媽過世，最後我們竟也首次無緣四強。」

險平越南　釜山亞運零勝鎩羽

二〇〇一亞洲盃主場負韓，令人頗不服氣，卻不只是警訊而已。隔年亞運，中華女足依然躊躇滿志出征釜山。該屆亞運女足賽採六隊單循環賽制，中華隊第二戰就於梁山體育場遭遇東道主南韓，先丟兩球，僅靠陳淑瓊破門扳回一城，在十個月內第二度對戰落敗。

「不管是在台北亞洲盃還是釜山亞運，輸給南韓都是很難接受的，但輸球是事實。」陳

上／二〇〇一台北亞洲盃中華女足全隊合照球員卡。（前國腳李明恕提供）

下／二〇〇一台北亞洲盃替中華女足十位明星球員製作球員卡。（前國腳李明恕提供）

左／身高一七八公分的陳鞠伎是中華女足的擎天一柱。

淑瓊說。

除了中國、日本與北韓之外，若連南韓也不再有必勝把握，代表中華女足已經保不住「亞洲四強」的席位。更挫折的是，兩天之後，中華隊碰越南又先失球，直到終場前才破門扳平，以一比一驚險保住和局。

連首屆世界盃都能留下勝利紀錄，中華女足竟在釜山亞運首次勝場掛零，為隊史首次，最終以一和四負作收，靠著越南的失球數更多才免於墊底。而在單循環賽事中排名第五，與前一年因小組賽制被擋在四強門外，儘管受挫的方式不同，卻都是重磅傷害。

值得注意的是，這批球員大多是一九九九亞洲盃的主力人馬，短短三年過去，亞洲盃亞軍的光環已消失殆盡。除了戰力、戰術等問題，背後更暴露出另一個警訊：這批球員在四年內三個國際大賽的長期集訓下，已因兵疲馬困而厭戰。畢竟長期集訓，不論是球員還是教練團，都要犧牲許多本身的工作、課業、家庭與個人生活，未必適合未來的代表隊了。

「心態上的疲乏是必然的，記得接近比賽時期，幾乎是一天練四次，每天要沖好幾次澡，一點也不誇張。」其中一位木蘭國腳回憶說。

問題不只是換血　失落十年雪崩式重挫

中華女足必須做出改變，但改變不只是簡單的「換血」兩字而已。事實上，儘管兵源不足始終是個問題，且因少子化而愈來愈嚴重，不過在二〇〇二年兵敗釜山的時空下，台灣的女足並非沒有新血能夠頂上。只是即使有這批頂尖新血，也無法阻擋接下來十年女足國際賽成績雪崩式的下滑。

二〇〇二年四月，亞足聯首度開辦U19女足錦標賽（二〇二二年起改為U20）。中華隊匯集了來自花蓮、高雄、新北市的新生代好手，在印度踢出亮眼佳績，先於小組賽〇比〇逼和中國，藉淨勝球優勢拿下B組第一。準決賽再與北韓一比一打入PK戰，以四比三勝出，殺入決賽並取得首屆世青女足賽門票，直到冠軍戰才以一比二不敵日本。「小辣椒」曾淑娥更以九球榮膺金靴獎與大會最佳球員。

儘管後來世青賽僅靠盧燕鈴對澳洲攻入一球，以三戰盡墨作收。不過那支遠征加拿大的木蘭生力軍，除了刁鑽的射腳阿娥，還有黃鳳秋、余佩雯、吳欣容、李雪華、藍美芬、林佳鳳、蔡莉真、蔡欣芸等才華洋溢的新血，後來也的確扛起木蘭大旗好一段時間，迎接她們的卻是殘酷的現實。

亞青黃金世代也遭震撼教育

二〇〇三年亞洲盃，此前擔任助理教練的呂桂花升格總教練，率領中華女足出征曼谷，這次亞洲盃同時也是該年世界盃女足賽的資格賽。換血後的中華隊在B組以〇比五不敵日本，晉四無望，未料最後一戰被緬甸一比一逼和，連分組第二都沒保住，首次在亞洲盃落居分組第三。

二〇〇六年，亞洲盃開始設立資格賽，同時亞洲女足的版圖又有變動，高大的澳洲「脫洋入亞」加入亞足聯，讓亞洲除了中國、日本與南北韓之外，又多一支超級強權。

該屆亞洲盃，中華女足雖在昔日傳奇女將周台英的領軍下，於前一年通過資格賽考驗，隔年會內賽仍止不住雪崩，對中國以〇比二落敗。對日本雖由謝宜玲進球，卻以一比十一慘遭血洗。最後一役對越南屢攻不下，第七十分鐘反遭快攻破門，終以〇比一首度不敵越南，三戰全敗，也第一次在亞洲盃小組賽墊底。

二〇〇九年七月，亞洲盃資格賽於台南新營進行，中華隊首戰甚至以〇比一不敵約旦。也就是說，中華女足從亞洲霸主到跌出亞洲四強，開始贏不了東南亞球隊，這次甚至輸給中東國家。而中東伊斯蘭國家因為宗教與文化，女性參與運動的難度較高，這一敗更是重創。

體委會短視　亞運派龍舟令女足心寒

次役中華女足再以三比五不敵緬甸，資格賽二戰盡墨，隊史首次無緣亞洲盃會內賽。其實這次失利的因素很多，包括國腳多為大學生，直到期末考結束才能集結，不但球員不在比賽狀態內，集訓時間也太短。但出局就是出局，主管機關也是如此認定。

二〇一〇年，體委會竟然決定不派女足隊參加廣州亞運，原因很簡單，因為前一年中華女足連亞洲盃會內賽都沒打進，亞運評估當然不具奪牌希望。這是我國在解決旗歌問題、於一九九〇年重返亞運以來，女足首次缺席這個亞洲最大的綜合性運動會。

尤有甚者，不派女足參賽，體委會卻派了非奧運項目的龍舟。主管機關如此無視主流運動，奪牌至上的功利取捨，固然令人非議，尤其隔年初就有倫敦奧運資格賽，對手同樣是這些亞洲勁旅。不讓中華隊前往亞運磨練，還指望奧運資格賽踢出佳績，何其荒謬！但我國女足發展陷入瓶頸，的確是到必須徹底檢討並做出變革的時候了。

少子化、名模風　欠缺誘因使木蘭失色

中華女足進入二十一世紀後，國際賽成績雪崩式下滑，大環境不利是原因之一，少子化加上名模風吹起，家長就算要讓掌上明珠從事運動，會曬黑並弄傷腿的足球也不會是優先選擇。其次，台灣女足發展一直以學校為主體，原本吸收基層兵源的最大誘因，除了從小可以出國比賽，把球踢好就能一路保送到念大學，更是家長願意支持的主因。但隨著高教鬆綁，廣設大學政策，念大學已經不再是「窄門」，女足誘因頓失。

再看球員來源，早年北、中、南都有培育女足的基地，然而中部從宜寧中學女足隊解散後已經斷炊。北、高兵源也少了，有好一陣子，國家隊半數以上為來自花蓮的原住民。原

住民固然有出色的運動天賦，但花蓮成為一枝獨秀的女足搖籃，與前述經濟條件較好的家庭不太會選擇讓女生踢球，也有高度關係。相較之下，足球還有可能爭取到偏鄉原民部落的孩子。

不像男足還有台電、大同長年支持，台灣女足一直欠缺企業奧援。二十年來不離不棄的企業家，幾乎只有「女足教父」龔元高，社會聯賽其實都是大專球隊化身。早年尚有學校支持選手留校服務（銘傳、醒吾、景文），讓優秀選手可踢球到三十歲，但大環境改變，各學校已無法再用這樣的方法如此支持女足。女足球員畢業後面臨現實問題，球技正要達到最成熟、巔峰時，就得轉換跑道找工作，運動生涯極短。

而在其他足球成熟國家，男足有職業聯賽做火車頭，軟、硬體條件也能一併帶動女足，水準逐漸趕上，台灣男足則始終無法職業化，遑論帶動女足重返榮耀。台灣女足金字塔底層兵源不足，頂端則有斷頭之虞，且長期集訓已經不合時宜，國內女足聯賽的強度又不夠，陷入惡性循環。當他國的女足水準逐漸提升，中華女足成績下滑實屬必然，也不知道何時才能觸底。

二〇〇五年以十七歲之齡首度入選國家隊的王湘惠，如此形容那段出征國際賽一再受挫的情景，「我們是在教訓裡成長的球隊，被日本十個球、八個球在打的。」

周台英曾經感嘆，主管機關只知道女足成績愈來愈差，卻不思整體的內、外環境究竟發生了什麼變化。「我不解的是，為何高層沒有更努力去維持女足的火炬？」幸好這樣的官員還是有的，就是二〇〇四雅典奧運雙金幕後功臣、被譽為「金牌推手」的彭臺臨。

金牌推手　在女足谷底拉了一把

二〇一三年起，台灣體育的主管機關體委會改制為體育署，體委會時期曾任競技處長、副主委的彭臺臨出任副署長，揭示回歸基礎三大項（田徑、游泳、體操）的政策方向，主流運動更不能缺席，對女足也格外看重，甚至喊出要讓中華女足打入二〇一六里約奧運、二〇一七台北世大運奪牌的豪語。

正如前面所說，女足陷入困境的原因眾多，要扭轉大環境劣勢、擴大兵源，在短時間內難以做到，保住既有選手、延長運動生涯，成為止跌回升的頭號要務。彭臺臨規畫由體育署補助、結合地方政府，成立真正有強度的女足半職業聯賽。隔年「木蘭足球聯賽」正式上路，還先讓各參賽球隊教練去日本學習觀摩，仿效日本建立俱樂部制度。

「那年彭副讓我們去日本研習觀摩，日本講師的指導令人眼界大開，也讓我體認到女足那十年這麼大的雪崩，很大的關鍵之一是教練的素質並沒有提升上來。」呂桂花說：「即使是最基本的做好守備，要從哪個位置、哪種時機開始拚搶，如何壓迫，都有學問。但我們之前不知道國外足球走到什麼地步，雖然苦練但沒有方法，像瞎子摸象，想起來滿空虛的。」

四 重返亞運四強 矢志再戰世界盃

其實在改制體育署並出手協助前，台灣的女足也理出了發展方向，就是師法日式持控球戰術，畢竟我國球員在國際賽已無體型優勢，速度可能也沒有東南亞突出，唯有像日本走傳控路線，才能一搏。

然而，在二〇一二年十一月出征深圳角逐東亞盃第二輪預賽時，總教練顏士凱也坦承，此時只能先鼓勵球員「勇敢控球」，從拿球開始逐步往前傳導，擺脫以往對強隊只能在後場死守的窘境。但如何推到前場、推到全場三分之一的進攻區域，甚至組織出有效攻勢，本土教練們其實沒有解鎖下一步的祕笈。

二〇一三年，中華女足其實有重返世界盃的機會。二〇一五世界盃擴軍為二十四強，亞洲有五張門票，而北韓女足因為二〇一一世界盃被揪出五人使用禁藥，禁止參加作為資格賽的二〇一四亞洲盃。也就是說，除了中國、日本、南韓與澳洲，亞洲第五名也能參加世界盃，人人有機會。

二〇一三年春天的亞洲盃資格賽，中華女足要遠征巴勒斯坦。剛改制的體育署鼓勵中華隊移訓備戰，先拚晉級，就有時間備戰會內賽，搶亞洲第五重返世界盃。可惜女足似乎被主管機關忽視太久，突獲重視反而有些承受不起，最後備戰不足，與緬甸踢平，比較淨勝球後，無緣晉級亞洲盃。

柳樂雅幸來台　接下中興木蘭重任

平心而論，當時固然是最佳機會，但中華女足也還沒有準備好，尤其是前述的核心戰術。幸好彭臺臨全力支持中華女足聘請外籍教練，二〇一三年十月，在日本足協推薦派任下，延攬了守門員教練柳樂雅幸。隨後包括彭臺臨與本土教練團，都認為柳樂的資歷完整、理念契合，由於日方遲遲未能推薦教頭人選，遂由柳樂接掌總教練一職。

柳樂雖是專職守門員教練，但在J聯盟橫濱水手隊也當過男足教頭，加上曾隨隊出征五屆世大運，大賽執教經驗豐富，隨後更請來守門員鈴木大地相助。二〇一四年起，女足週末有木蘭聯賽蓄積戰力，週間進行改良式短期集訓，背負打入里約奧運、台北世大運奪牌等重任，木蘭女將逐漸展開反攻了！

二〇一四年中華女足在體育署支持下重返亞運，雖然小組賽表現不佳，輸給中國、日本，但靠二比二踢平約旦，仍順利挺進八強。八強在仁川的文鶴競技場對決地主南韓，中華隊直到下半場當家中後衛林曼婷受傷退場，才在第七十三分鐘讓南韓破門，以〇比一飲恨。

彭臺臨賦予的第一個任務——打入里約奧運，中華女足在二〇一五年啟動挑戰。里約奧

上　／喀山世大運，中華女足擊敗南韓隊後，與體育署副署長彭臺臨（白髮者）開心合照。

左上／二〇一三年底，中華女足請來日籍教頭柳樂雅幸執教。

左下／日籍守門員教練鈴木大地讓中華女足門將脫胎換骨。

FUJITA

運亞洲區首輪資格賽於三月在台北主場進行，中華隊先以四比〇完勝寮國，再靠李琇琴破門，以一比〇力克伊朗，兩戰全勝晉級次輪。

九月第二輪資格賽出征緬甸第二大城曼德勒，中華女足的對手除約旦外，清一色為東南亞國家，也是在亞洲收復失土的必經障礙。中華隊首戰將士用命，在鈴木大地調教下脫胎換骨的門神蔡明容，神勇擋住越南的十二碼罰球，並靠林瓊鶯在終場前破門，以一比〇旗開得勝。次役中華隊三比〇完勝約旦，接著對上被認為是東南亞女足霸主的泰國，中華隊在鏖戰九十分鐘後以〇比〇逼和對手，取得出線的有利位置。

最後一戰對決確定無緣晉級的地主緬甸，中華隊獲勝就出線，打平也有機會晉級。眼看多年來贏不了東南亞國家的魔咒就要破除，未料女將前天對泰國耗盡體能，對上整整休息三天的緬甸，不幸以一比三落敗，前進里約夢碎，反而讓越南搶下晉級最終輪的門票。

柳樂時期的中華女足逐漸提升比賽內容，也獲得了球員的信任。他甚至因為長期在台執教，導致聚少離多的太座提出離婚。可惜柳樂的運氣總是差了一點，二〇一七年到了檢驗執教成效的時間，中華女足先在四月的亞洲盃資格賽出征巴勒斯坦，出線關鍵戰又是泰國攔路，中華隊開賽不到三分鐘先失一球，接著全場狂攻就是無法破門，終以〇比一飲恨，連兩屆無緣亞洲盃會內賽。

二〇一七台北世大運是柳樂的期末考，中華女足靠陳燕萍與李琇琴的進球，首戰三比〇完勝阿根廷，開出紅盤，可惜對美國應勝未勝，以一比二落敗，導致要進八強，對南韓非贏不可。結果關鍵戰包欣玄主罰十二碼中柱，第三十八分鐘反被南韓孫花延頭槌破門。儘管隊長余秀菁於場終了前追平比分，最終仍以一比一戰平南韓，一勝一和一負屈居A組第三。八強夢碎，多名女將在輔大足球場哭成淚人兒。

中華女足跌入排名賽，最終以第十一名作收，這個成績當然無法讓柳樂獲得續約，結束了他在台灣的四年執教。世大運門將朱芳儀後來難過地說：「我們常跟教練說，是不是要去拜拜，怎麼大家明明很努力，成績就是出不來？我甚至會覺得是因為自己的失誤，害教練沒辦法留下的……」

前人種樹、後人乘涼，柳樂雅幸與鈴木大地替中華女足打下根基，成績卻到兩人離開後才呈現出來。二〇一七年底，中華足協聘請當年率領台中藍鯨稱霸木蘭聯賽的日籍教頭堀野博幸接掌女足兵符，任務當然是二〇一八雅加達巨港亞運。

世大運失利易帥　卻在亞運收割

為了亞運，中華女足重啟長期集訓，但堀野博幸在日本早稻田大學仍有教職，每週都得返日授課，集訓期間問題頗多。也因行政疏失，球員一度被拖欠了三個月的訓練費及伙食費。不過生於憂患，眾多不利因素，反而刺激許多資深女將要為自己拚最後一次，不要留下遺憾。

二〇一八年中華女足出征雅加達巨港亞運，行前於桃園機場合照。

「這次亞運會是我最後一次參加，在我的想法裡，它是最後一個使命、一個任務、一個責任，也是一個翻轉女足低潮的機會。」隊長王湘惠感性地說：「當然，一直以來，台灣女足球員短缺及斷層問題依然存在，但我們想把最後一次合作做到最好，完成我們這一代的使命，不要留下遺憾。」

柳樂時期不被幸運女神青睞的中華女足，本屆亞運卻有絕佳籤運，與南韓分在A組，八強交叉可望避開強權中國、日本與北韓，只要突破阻擋多年的東南亞障礙，中華女足就可望重返闊別二十年的亞運四強。

暌違十六年　余秀菁攻破南韓大門

籤運好，更重要的是一步步穩健前行。首戰南韓，中華女足雖然開賽八分鐘就因烏龍球而落後，門神蔡明容卻撲出效力於英超切爾西女足球星池笑然的十二碼罰球，余秀菁則讓中華隊自二〇〇二釜山亞運以後，再度踢開南韓大門，僅以一比二惜敗。

「這麼久沒對南韓進球了？不過進球的感覺就是爽！也感謝隊友很給力。」余秀菁表示第七十四分鐘能在禁區外直接遠吊進球，必須感謝隊友包欣玄的前場攔截，「阿包剛好也把她逼到我這邊，我知道守門員位置沒站好，如果我搶到再多控一腳，前面防守者就會封住我射門角度，所以當時搶到球我就直接吊射！」

撲出罰球，還射進睽違十六年的對韓進球。王湘惠說，在首戰南韓之前，很擔心大家是否準備好了。儘管實力差距仍在，但在一比二小負南韓之後，她看到了全隊的決心。

中華女足穩紮穩打，接著分別以四、七球完封印尼與馬爾地夫，二勝一負獲A組第二晉級。八強對手是預賽輸日七球的越南。等了二十年的最佳機會，木蘭女將們已經準備好了。

蔡明容神撲　ＰＫ勝越重返四強

「這次亞運能不能進四強，我一直以平常心看待，沒想到我們的籤運不錯，真的給我們一個機會去翻轉女足的低潮。」王湘惠賽前說：「若抓住機會擠進四強，對我們會是巨大而深遠的意義。如果沒有抓住這次機會，永遠沒有人記得我們是誰，沒有人記得周（台英）教練以後的女足時代。」

這一次，木蘭女將未再近關情怯，儘管正規加延長一百二十分鐘都無法攻破越南球門，以〇比〇打入ＰＫ大戰。但中華隊余秀菁、林雅涵、劉千芸、包欣玄於ＰＫ戰全部射進，門神蔡明容不僅在第三點撲出范黃瓊的射門，每球都撲對邊更讓越南壓力爆棚，最終第五點蔡氏草踢中門楣，讓中華隊以四比三提前贏得ＰＫ，自一九九八曼谷亞運以來首次打入前四。

「明容真的厲害，台灣門神！越南第五個踢的，根本是被明容給嚇到了！」前鋒余秀菁笑著說。蔡明容則強調信念很重要，「進入ＰＫ，我知道隊友相信我可以。前兩球沒撲到很

上／王湘惠以隊長之姿帶領中華女足重返亞運四強。

下／門神蔡明容以神勇表現幫助中華隊在八強PK戰淘汰越南，殺入四強。

左／日籍教頭越後和男於二〇一九年初接掌中華女足兵符。

下／中華女足在東京奧運第二輪資格賽三連勝晉級，全隊返抵國門在桃園機場合影。

可惜，但不影響我的信心，因為我知道我應該快可以抓到了！真的，信念很重要！很開心跟隊友一起拚進了四強，因為我們彼此相信，我們可以！」

中華女足未因達成四強使命而放鬆，準決賽面對中國全場四十一次射門，蔡明容遭遇多次衝撞仍奮力扛住，僅在第五十分鐘讓王珊珊攻入折射進球，以十六年來最小對戰差距的〇比一敗北。

銅牌戰再碰南韓，氣力放盡的中華女足以〇比四落敗，未能追平一九九四年廣島亞運締造的隊史最佳銅牌紀錄，但重返四強證明女足已經走出「失落年代」。蔡明容本屆亞運出賽五場，共做出三十六次撲救，堪稱中華隊拿下第四名的頭號功臣。而柳樂、鈴木過去打下的基礎，還有體能教練「豆姊」劉馥榕讓球員強度大增，都是幕後英雄。

而英雄中的英雄，則是這群不輕言放棄的木蘭女將。她們心中始終記得學姊們締造的榮光與傳統，扛著昔日輝煌的沉重招牌，卻飽嚐節節敗退的打擊。想重返亞洲四強竟愈來愈遠，成為這一代女足球員的痛。這一次，讓她們落淚的不再是失利的痛，而是證明自己的喜極而泣。

奧運資格賽　首度挺進第三輪

重返亞運四強的中華女足並未停下復興腳步，二〇一八年底以四戰全勝、進三十三球零失球的輾壓表現，通過二〇二〇東京奧運亞洲區第一輪考驗。二〇一九年四月出征第二輪，請來前仙台七夕教頭越後和男執教，儘管當時新球季木蘭聯賽尚未開踢，球員多不在比賽狀況內，木蘭女將仍將士用命，對菲律賓的關鍵戰更扭轉〇比二落後劣勢，反以四比二全取三分，最終以三戰全勝挺進第三輪資格賽。

這也是奧運女足資格賽採取現行賽制以來，中華隊首次走得這麼遠。但本輪對手有澳洲、中國與泰國，中華女足必須取得B組前二才能躋身最終輪，也是硬仗中的硬仗。

除了比賽強度，中國武漢在二〇一九年底爆發新冠肺炎疫情，也是另一個考驗，因為東奧亞洲區第三輪資格賽B組的比賽地點就在武漢。幸好足協高度警覺，持續去函亞足聯警告，隨著疫情逐漸惡化與明朗，亞足聯在二〇二〇年一月下旬終於先同意將比賽移到南京，最後再改到澳洲雪梨。

後來新冠肺炎成為全球性的大災難，儘管東奧第三輪資格賽在二月上旬進行時，疫情尚未蔓延到澳洲，中華女足仍得頂著心理壓力、做足防疫措施出征。而且犧牲農曆春節，在寒風中備戰，卻得飛到正值盛夏的南半球，彷彿洗三溫暖一樣，首戰更要碰上位處熱帶的泰國。中華女足在二〇一八亞運氣走越南、重返四強，但真的要粉碎攔路多年的「東南亞障礙」，不能不過泰國這關。

從二〇一一年奧運資格賽在高雄碰頭，泰國以三比〇完勝中華隊之後，台泰女足彷彿有了「黃金交叉」。在二〇一〇、二〇一四、二〇一八年的三屆亞洲盃，中華隊都沒能打入八強規模的會內賽，最近一屆就是被泰國所阻。而泰國不但打入亞洲盃，甚至兩度拿到參加女足世界盃的入場券。

丁旗巧射　闊別十八年再勝泰國

中華女足上次在正式國際賽取勝泰國，竟得回溯到二〇〇一台北亞洲盃小組賽了！不過木蘭女將已經走出失落年代，而澳洲當地一度高達攝氏四十三度的氣溫，當天也因為上午下雨，晚間比賽變得較為涼爽，彷彿老天爺也願意幫木蘭一把。

開賽第十九分鐘，中華隊張季蘭右路吊中，泰國後衛頭槌頂出，王湘惠禁區外起右腳似傳似射，剛好助攻在禁區左側的隊長丁旗第一時間左腳推射破門，助中華隊先馳得點。接著蔡明容克服現場強風、屢屢救險，讓泰國全場十一次角球都無法破門，終於讓中華隊贏得暌違十八年的對戰勝利！

中華女足最終在雪梨沒能完成不可能的任務，後兩仗分別以〇比七、〇比五輸給澳洲與中國，以一勝二負、B組第三作收。但這趟東奧資格賽之旅，木蘭女將證明她們對弱隊不會再贏得膽戰心驚、不會再輸給中東國家，對東南亞勁旅也能找出取勝之道，在這個基礎上，才有本錢向亞洲前五名的強權們叫板。

下一步呢？在二〇二〇亞足聯女子足球會議中，獲頒二〇一九最佳草根足球領袖獎的呂桂花豪氣地說：「重回亞洲四強的任務，在二〇一八亞運已經完成，我們應該立下更大的願景、踢進世界盃，下屆將擴軍為三十二隊，我們滿接近了！」相信也是許多女將的心聲。

世界盃擴軍三十二強　木蘭矢志回歸

二〇二三女足世界盃，將從二十四強擴軍為三十二強，雖然各洲的最新參賽隊數尚未敲定，但亞洲原本就有五張門票，擴軍後肯定會增加。也就是說，除了中國、日本、南北韓與澳洲，台灣也很有機會繼一九九一年之後，再次踏上女足世界盃舞台。

二〇二三女足世界盃將於紐澳進行，亞洲區資格賽就是二〇二二亞洲盃，中華足協也出馬申辦，可惜最終由印度雀屏中選。接下來，就看中華女足能否通過資格賽考驗、重返睽違十四年的亞洲盃會內賽，進而爭取世界盃門票了。

由於疫情讓全球國際賽停擺，本屆亞洲盃資格賽的分組、賽程都尚未出爐，不過也拜台灣防疫有成，木蘭足球聯賽成為亞洲唯一能照原定計畫於二〇二〇年四月開踢的女足聯賽。在球員持續比賽保持競爭力的情況下，待二〇二一亞洲盃資格賽起跑，就是中華女足出柙發威的時候了！

五 木蘭女將的旅外征途

台灣男足一直沒有職業聯賽，直到二〇一一年陳柏良赴港加盟天水圍飛馬，才帶起後來陳浩瑋、溫智豪等人的旅外「登陸潮」。女足情況則截然不同，由於早年曾是亞洲霸主與世界女足運動的先驅者，傳奇前鋒周台英在一九八〇年代後期先後加入西德、日本俱樂部，都幫助所屬球隊奪冠。但隨著女足成績下滑，寶島女將旅外大門也關閉了十六年，直到二〇〇九年才由曾淑娥領銜闖出新一波「走出去」的風潮。

我國從一九七八到一九八七年間辦了四屆「世界女足邀請賽」，其中西德的ＳＳＧ09不但在一九八一、一九八五年二度捧盃，一九八七年第三度來台參賽時，更與當紅射手周台英洽談加盟事宜。周台英於一九八六年師大畢業後，獲母校台中宜寧中學授予教職並繼續踢球，校方也支持她以留職停薪的方式赴德半年，遂一九八八年三月啟程。

ＳＳＧ09是西德女足起步時的頭號勁旅，曾於一九七九至一九八五年六連霸當時最重要的「西德冠軍盃」賽事。但所在地貝吉施格拉德巴赫是人口才十萬出頭的小城，俱樂部資金不多，在他隊挖角下已連三年無緣冠軍盃后座。結果在周台英助陣下，ＳＳＧ09殺入一九八八年冠軍盃決賽，與ＫＢＣ杜伊斯堡〇比〇打入ＰＫ，周台英第一點率先操刀中的，也幫助ＳＳＧ09以五比四勝出，隊史第八度稱霸「西德冠軍盃」。

半年約滿，ＳＳＧ09有意與周台英續約，但周台英考量自己留職停薪的狀況，仍婉拒德方，回台繼續至宜寧中學任教。對此，周台英回憶，能去德國是很特別的經驗，當時雖然不到職業級的待遇，ＳＳＧ09確實禮遇有加，還請她的媽媽到德國看比賽。

而在紀錄片《台北的奇蹟》中，記述了一九八一年ＳＳＧ09在不被西德足協支持的情況下自籌經費來台，不但奪冠，也見到台灣女足的蓬勃，對後來德國女足發展有一定的幫助。周台英則說，她也是紀錄片團隊兩年前來台取材，見到了一位昔日隊友，才知道有這樣的緣由。

「我去德國踢球的時候，距離ＳＳＧ09首次來台比賽已經七年了，當地女足比賽已經很有規模，所以完全不知道她們女足啟蒙時也很辛苦的故事。」

周台英指出，當年的世界女足邀請賽的確有些隊伍不是國家隊，實力也有強弱，但就像美國、紐西蘭一樣，ＳＳＧ09帶來德國不同的足球風格。「作為球員，就想下去跟她們較量看看！」後來又有機緣赴德效力，真的是很棒的回憶。

一九八九年，周台英在日本鈴與清水ＦＣ女足隊的力邀下，於富士山下展開另一段旅外生涯。適逢當年日本女足聯賽（現行撫子聯賽前身）正式開踢，周台英不但以十二顆進球榮

木蘭傳奇女將周台英曾到西德、日本踢球，圖為她在二〇〇六年亞洲盃擔任中華隊總教練。

一九八四年世界女足邀請賽，良玉隊的呂桂花（右）對抗玻里尼西亞。（中國時報資料照片）

膺金靴獎，還幫助不被看好的鈴與清水ＦＣ贏得首屆聯賽后冠。

周台英直到一九九三年二月才結束和鈴與清水ＦＣ的賓主關係，雖然未再幫助球隊封后，但也連三年獲得聯賽亞軍。而有周台英的成功旅日，中華女足的謝素貞、許家珍後來也獲得了日本球隊的邀請。

此外，一九八〇年代在世界足球邀請賽作為中華女足二隊的「良玉隊」成員呂桂花、蔡琪華，也在台體教授陳定雄的鼓勵下，於一九八七年赴日加盟神戶女足隊。一九八八年初，蔡琪華轉往神戶姬路大學就讀，離開神戶ＦＣ，呂桂花則在該隊一直踢到一九八九年首屆日本女足聯賽開打。

呂桂花並未在日本足壇一炮而紅，但就像於月夜默默綻放的月見草。她在一九八八年考過日語一級檢定，一九八九年初插班考進國立京都教育大學二年級，隨後就因為京都到神戶通勤耗時，踢了半季日本女足聯賽後離開神戶ＦＣ，專心學業，最後畢業於京都教大研究所。也成為多年後台灣女足師法日本、尋求中興的重要推手。

曾淑娥赴澳　翻開旅外新篇章

周台英征戰德、日之後，中華女足的國際賽在競爭下逐年下滑，木蘭女將旅外大門關閉了十多年，直到二〇〇九年才重新開啟。新一代的開拓者，恰好也是周台英在師大的得意門生，且曾獲亞青金靴后的曾淑娥。

作為台灣近年來最出色的女足球員，阿娥始終不願在二十多歲就結束球員生涯、投入職場，曾說要「踢到沒人要我為止」，從二〇〇八年就積極尋找出國踢球的機會。阿娥一開始向日本探路，卻也遇到通過測試但球隊解散的狀況。二〇〇九年三月她和余秀菁到日本接受福岡女足隊測試，雖然通過，卻因該隊不提供薪水而無法成行。七月底，阿娥再與林瓊鶯、王湘惠到澳洲的坎培拉聯隊測試，最後和林瓊鶯一同加盟。

身高一五一公分的阿娥球風刁鑽、靈敏，在講究力量的澳洲足球可謂鳳毛麟角。澳洲女足W聯賽於十月開踢，阿娥首季踢了三個月，出賽十一場攻入四球，為全隊最多，也獲得當地粉絲的肯定，一拿球就有人大叫「Ah-O」。

二〇一〇年初踢完澳洲賽季，阿娥隨中華隊出征日本的東亞女足賽，特地留下來參加INAC神戶雌獅隊的測試。雖未上榜，五月又轉戰美國加入第二級業餘聯賽USL的科羅拉多突擊隊，出賽八場攻入三球。年底再回到坎培拉，迎接生涯第二個澳洲W聯賽賽季，相當忙碌。

曾淑娥在北美新大陸陸續效力過科羅拉多突擊、溫哥華白浪、斯波坎陽光等隊伍。二〇一二年九月，阿娥的旅外步伐首次踏上歐洲，加盟法國名門聖艾提安，二〇一四年二月再加入奧地利紐倫巴赫（SV Neulengbach），在三月二十三日歐洲女子冠軍聯賽對瑞典 Tyresö FF的比賽進球，成為台灣於歐冠女足出賽及進球的第一人。

右上／林瓊鶯（右）、林曼婷（左）姊妹先後與曾淑娥出國踢球。

右下／曾淑娥（左）、林曼婷曾一起到冰島、法國踢球。

下中／二〇一九年王湘惠（左）為了舉辦足球教室，拜會桃園市體育局長、前跆拳道國手莊佳佳。

上／余秀菁（左）、王湘惠（右）二〇一七年初加盟北控鳳凰女足俱樂部，各效力兩個球季。

下／二〇二〇年初王湘惠到新竹舉辦足球教室，被小朋友逗得很樂。

二〇一四年底至二〇一五年初，曾淑娥短暫加入木蘭聯賽的台中藍鯨與新竹FC，但二〇一五年五月，就和林曼婷一起加盟冰島的菲爾基爾俱樂部，兩人九月再加入法甲的阿爾比電信與郵政女足隊。

阿娥的旅外之路也嘗過冠軍滋味。二〇一六年八月加入塞爾維亞勁旅薩博迪卡斯巴達（ŽFK Spartak Subotica），贏得該國女足超級聯賽后冠。不過後來因為球隊欠薪，阿娥也在二〇一七年七月轉投中國女甲聯賽的河南徽商隊。二〇一九年三月，曾淑娥再加入克羅埃西亞的史普利特。這已是她十年旅外生涯效力的第十一支國外球隊，徹底實現要踢到不能踢為止的理念。

直到二〇二〇年因新冠疫情影響，世界各國的足球聯賽全都停擺，女足賽事亦然，曾淑娥不得不停下旅外步伐。幸好台灣疫情控制得宜，木蘭聯賽仍在四月初開踢，曾淑娥也接受新北航源的邀請，於七月十一日木蘭聯賽第十輪披掛上陣。

能在國外征戰十年，曾淑娥除了本身球技，能夠照顧好自己，保持健康並儲備充足的體能，更是一大關鍵。二〇二〇年她除了在木蘭聯賽出賽，也和職司體能教練的男友謝廷凱，開辦了「曾淑娥足球菁英課程」，希望把一身功力傳承下去。

國外女足落差大　林曼婷很有感

女足環境跟相對成熟的男足世界不同，在幾乎沒有純職業女足聯賽的情況下，各國女足俱樂部大多以本土陣容為主，即使有對外補強的需求，資訊也不是那麼公開。因此，曾淑娥團隊多年來不懈的投石問路，旅外夢想才能一直走下去，甚至也讓有同樣夢想的學妹受惠。

阿美族姊妹花林瓊鶯、林曼婷就是一例。姊姊林瓊鶯最早就與阿娥一起到澳洲坎培拉並肩作戰。而妹妹林曼婷和阿娥去了冰島與法國之前，也曾在中華足協的推薦下，於二〇〇九年底加盟西班牙巴亞多利女足隊，隔年春天連譚汶琳、陳曉娟也跟進前往。

然而，西班牙雖然足球蓬勃，當下時空更是他們在五年內連拿三個男足大賽、世界盃與歐洲國家盃冠軍的巔峰時期，但女足水準落差仍大。寶島三姝所屬的巴亞多利既缺錢又缺人，女足部門只能算是半職業，實力甚至不如台灣。三人最終在二〇一一年中回台，除了強度最高的林曼婷，譚汶琳、陳曉娟的狀態都還下滑，顯見女足旅外要找對門路的重要性與難度。

二〇一六年包欣玄（右）在東亞盃對陣關島。

貴人牽線　王湘惠、余秀菁百萬年薪登陸

而從學生時代就曾出國參與測試，畢業後也一直尋找旅外機會的「八萬」王湘惠，二〇一六年終於在謝廷凱的牽線下，加入日本女足撫子聯賽第二級的廣島紫天使隊，圓了自己走出去的夢想。

王湘惠表示，當時好不容易跨出去這一步，但面對更高強度、更密集的賽事，還要從零開始學日語，適應上確實很不容易，球隊戰績不好也是另一個考驗。然而，她終究還是在L2站穩了腳步，也很享受這種專注於踢球的生活。可惜的是，因為紫天使該季結束遭到降級，也結束了八萬的旅日生涯。

幸好機會始終留給準備好的人，由於當時已有台灣國腳陳浩瑋、溫智豪的北京控股集團，除男足外也要投入女足領域，與原本的北京女足隊談妥，於二〇一六年底成立北控鳳凰俱樂部，準備招兵買馬。時任中華足協副理事長、長年支持女足的龔元高透過厚樸公司董事長方風雷牽線，加上北京女足總教練劉英是其舊識，如願將王湘惠、余秀菁送到北京，通過層層測試後，獲得了「登陸」加盟的機會。

然而，兩人正式加盟還有些波折。北控鳳凰原本開出的待遇不算頂級優渥，而且北京女足剛剛轉型，其實球員都還是學生，王湘惠、余秀菁兩位社會人士還得回到學生般集中住宿

的環境，更令兩人猶豫。

當然，王湘惠、余秀菁非常珍惜木蘭女足首次「登陸」踢球的機會，也持續和俱樂部協商薪資待遇。最終雙方順利達成共識，在二〇一七年新球季註冊截止前十分鐘完成登錄，成就這樁美事。過程當中，由於王湘惠、余秀菁都是來自花蓮馬太鞍部落的阿美族原住民，時任花蓮縣長的傅崐萁及時出手，與海協會長陳德銘、前海基會祕書長許惠祐居中協調，就連北控集團主席暨董事長王東也是傅的民間好友，都推了一把。

「這件事算是方董先牽線，然後傅縣長再臨門一腳，『有始有終』的成果！」龔元高笑著說。

從待遇來看，王湘惠、余秀菁以百萬年薪的條件加盟北控鳳凰，應是台灣女足球員歷來旅外的最高待遇，加上總教練劉英也很照顧，兩人登陸發展首季算是順利。而中國女足一直是亞洲頂級水準，對兩人的能力提升很有幫助，相對帶動中華女足，也是二〇一八年重返亞運四強的原因之一。

然而，原本相對封閉的中國女足聯賽開始師法男足後，各隊都要提升競爭力，北控鳳凰也簽下西班牙、瑞典的外援，王湘惠和余秀菁在二〇一八年賽季上場的機會不多，也於該季結束約滿後回到了台灣。

王湘惠回國後加入昔日母隊花蓮隊，雖然旅外生涯告一段落，但在體育改革的風氣下，王湘惠也獲選為中華足協的新任理事，以現役球員之姿發聲並推動改革。她也積極到基層辦理講座或足球營，希望分享自己旅外的心得和理念，讓更多學妹及早確立夢想和目標，有更好的生涯發展。

美式球風　包欣玄即刻救援

除了在台灣出生、發展，努力要走出去拓展事業的木蘭女將，包欣玄則是另一個特別的例子。她在一九九二年出生於新竹縣，四歲就因父母工作緣故移居美國，並且受到哥哥的影響，展開與其他台灣女將截然不同的足球生涯。

包欣玄在加州佩珀代因大學表現出色，二〇一四年經由日本教練介紹給當時的國家隊教頭柳樂雅幸，成為中華女足的及時雨，在二〇一五年光州世大運首度代表台灣出征。

在美式的重訓體系下，包欣玄擁有台灣女將少有的速度和爆發力。二〇一五年在里約奧運亞洲區資格賽，效力瑞典俱樂部的她，還殺到緬甸「即刻救援」中華隊，並對約旦進球。效力中華隊五年，包欣玄就貢獻了十六顆國際賽進球，效率之高令人咋舌。特別是二〇一九年春在東京奧運資格賽，正是阿包對菲律賓的遠距離折射進球扭轉乾坤，以及對伊朗「梅開二度」，才讓中華隊精彩殺入亞洲區第三輪。

俱樂部方面，包欣玄在二〇一四年美國女子足球聯賽（National Women's Soccer League, NWSL）選秀的第三輪，被紐澤西藍天選中，隔年轉戰瑞典女子足球超級聯賽的維

AIPEI
CTFA

右上／蔡明容在二〇一九年十月加入日本富士櫻花隊。

右下／「甜心後衛」張愫心在二〇二〇年初加入日本岡山湯鄉美人。

上／日本岡山湯鄉美人還吸收了甫從中山工商畢業的前鋒蘇育萱（中），圖為她在二〇一九年的友誼賽對戰泰國。

妥隊。二〇一六年，阿包加盟日本撫子聯賽第二級的神奈川相模原，不僅以十一顆進球穿上聯賽金靴，也幫助相模原贏得二級聯賽冠軍，於隔年升上L1，成為本世紀首位站上日本女足頂級聯賽的台灣球員。

包欣玄的強度在日本也有競爭力，但對於日本重跑步、輕重訓的訓練方式，也讓她不太習慣。二〇一七年賽季結束後，阿包認為自己的人生不應該只有足球，該去嘗試不同的東西，要步父親後塵往科技業發展，選擇回台灣到竹科工作。不過即使足球不再是她的全職工作、甚至更像興趣，包欣玄從二〇一八年起代表台中藍鯨參加木蘭聯賽，依然是可怕的進球機器，也受到不少球迷的喜愛。

不畏疫情　四台妹留日打拚

以台灣女足目前的水準，要獲得加盟國外頂級球隊的機會，的確非常不容易。不過在多人的開拓下，想走出去圓夢的女將也愈來愈多，即使不是頂級聯賽也好。

二〇一九年十月，中華女足國門蔡明容加盟了日本富士櫻花隊，儘管只是日本的第四級聯賽，不過俱樂部有心向上升級，蔡明容也希望走出自己原本的舒適圈，以老大姊之姿一起努力。

而二〇一九年曾來台灣春訓的日本岡山湯鄉美人女足隊，則在二〇二〇年一口氣吸收了寶島女將蘇育萱、張愫心與門將程思瑜。其中剛從中山工商畢業的蘇育萱，是中華女足鋒線上的未來之星，「甜心後衛」張愫心為木蘭的「顏值擔當」，程思瑜則是中華女足的二號門神。

由於疫情的關係，日本女足聯賽也無法按時開打，岡山湯鄉美人直到八月二十三日，才迎來本季L3聯賽的開幕戰。不過對這一代的台灣女將來說，趁有機會先走出去看看世界，遠比效力的層級、待遇更為重要，將滿三十歲的張愫心說：「我的年紀也不小了，當然也怕自己沒有好的表現，但不管成敗就是要去！」一語道出許多女將的心聲。

SIDENT'S CUP CHINESE TAIPEI 2011
Y.H.KUO
9

第三章・足球俱樂部競技篇

一 【男足】昔日著名的社會甲組球隊

飛駝、陸光、北市銀

在歷史的長河中，總會有些來來去去。有些堅持留下了，有些無法持續就成為回憶。台灣男子足球的發展史，就有些球隊堅持住，並努力向前。有些曾經的勁旅，並不是不夠努力，卻是因為時空環境的改變，當他們難以抵擋時間帶來的滾滾洪流，就只能成為回憶，但他們的奮鬥歷程，卻永遠不會消失。

飛駝男足的光榮歷史

成立於一九七三年的飛駝隊，前身是中國龍隊，這支球隊是任務編組，當時迎戰來訪的西德黑沙隊，並漂亮拿下勝利，當時的中華民國足球協會理事長鄭為元將軍，希望籌組一支能長期配合組訓，同時配合體育外交政策，就結合軍方聯勤體系，找來國內出色的大專好手，成立飛駝隊，自此開啟了飛駝隊的光榮歷史。

飛駝隊網羅好手參賽，參加國內賽事戰無不勝，包括中正盃、足協盃與聯賽等，一舉踢下二十四座冠軍。期間因培育足球好手有成，加上聯勤體系挹注，還曾成立忠駝隊。兄弟二隊攜手征戰國內足壇，曾在一九八二年足協盃，寫下兩隊包辦冠、亞軍的輝煌戰功。同年的世界盃大洋洲會外賽，中華隊先發十一人就有九人來自飛駝，更可看出聯勤體系用心栽培球員的莫大成果。

擁有光榮歷史的飛駝隊，球員來源在軍方支持下，持續維持極為強勁的競爭力。但一九八八年出現重大改變，由於國防部政策改變，飛駝隊一度解散，並要求現役球員轉到同屬軍系球隊的陸光隊繼續踢球。但飛駝隊的悠久歷史造就出的優秀球員，許多透過多方管道爭取，並獲得社會賢達支持，讓球隊得以延續，還在一九九五年等到軍方政策改變，得以徵調非陸光隊的現役軍人參賽。甚至在一九九七年，當時服役中的球員還得以平均分配到飛駝隊與陸光隊。

飛駝隊的堅持，的確看到了成果。但時空環境的變化，卻讓飛駝隊無法延續，最終依舊難逃解散的命運，也讓飛駝隊過往累積的光榮歷史只能化作回憶。但值得感動的是，過往飛駝人透過各種管道，包括年度聚會，以及時興的社交軟體，讓彼此之間的隊友情誼能延續，使飛駝精神長存。

陸光維繫球員的足球路

台灣的足球發展，早期由軍方主導，理事長皆由軍方將領出任，陸軍與空軍皆曾成立足

上／一九八二年由羅北（中）帶領中華隊參加泰國泰后盃足賽，陣中國腳有八成來自飛駝，陳信安（後排左二）也是首度入選中華隊。

左上／一九九三年五月台電與飛駝合組台北聯隊角逐菲律賓國際賽。

左下／前國腳吳昭興（後排右一）促成新光人壽冠名贊助飛駝隊，二〇二〇年於上班族聯賽重現足壇。

TAIWAN

球隊，分別為陸光足球隊與虎風足球隊。陸光成立於一九六〇年，並在一九六四年成為主導國軍足球訓練的球隊。許多出色的台灣足球員，都曾在軍旅生涯效力過陸光隊。

陸光隊過往同樣有出色表現，兩度踢下全國甲組聯賽亞軍，隨後改名為國家儲訓隊（簡稱國訓隊），也分別在二〇〇三年、二〇〇七年踢下亞軍。改名為國家儲訓隊後，球員來源主要是以入伍服役的國家優秀選手為主。之後因為役男服役的相關辦法改變，後期又以體育替代役男為主，讓許多入伍的足球好手能在軍中延續訓練，不致完全荒廢球技。

隨著時代的改變，由軍方籌組的國訓隊也逐漸失去角色。首先是政府在二〇一五年修正「國家體育競技代表隊服補充兵役辦法」，由於過去要取得補充兵資格的條件，對國腳來說非常嚴苛，當時國腳陳柏良又有出國挑戰職業聯賽的實力，促使政府正視足球員的困難，將獲得補充兵資格的條件，放寬為「參加最近一屆奧運或世界正式錦標賽資格賽」，讓男子足球員的兵役問題獲得徹底解決。

另外就是兵役制度的改變。最主要的變化，就是徵兵制改為募兵制，當今役男僅需要受訓四個月，軍方球隊因而不再有存在的意義。國訓棒球隊、排球隊都在二〇一七年走入歷史，國訓足球隊透過借將也只能多維持一年時間，二〇一八年底便正式解散，軍方球隊的優良歷史，從此留在足球迷的回憶中。

敵不過現實的台北銀行男足

台北銀行成立足球隊是在一九七三年，當時是以七人制球隊參加銀行盃賽事，組成球員都是行員。直到一九七七年，北市銀決定強化足球隊實力，特地聘請名教練江洽擔任教練，並將球隊改組為十一人制球隊。不僅開始征戰國內賽事，年度還會有出國移訓比賽的行程，累積實力與經驗以外，也透過足球進行國際交流。

台北銀行能逐步成為國內勁旅，主要原因就是教練江洽與時任五連霸議員高惠子賢伉儷。兩人都是省立體專（現台灣體育運動大學）畢業校友，皆是體育人，江洽用心培養球員，極力爭取球員福利，高惠子則是以議員身分關心球隊發展。加上與當時的台北體專（現台北市立大學）建教合作，打造出實力堅強的勁旅。當時與北體的合作方式，就是主力球員以台北銀行名義征戰甲組，年輕球員則以北體為名，實質上有如當今職業運動的一、二軍。

台北銀行當時與台北體專建教合作，除了穩定的球員來源，更為北體學生提供穩定的就業機會，使北體學生都非常努力爭取進入台北銀行足球隊的機會。當時球員黃頌舜與葉錦東回憶，教練江洽非常重視球員品行，球技好只是基本必須，此外一定不能有抽菸等不良習慣。

正是這樣的嚴格要求，台北銀行成立後就成為鋼鐵勁旅，足協盃七座冠軍、中正盃三座冠軍，以及甲組聯賽三度封王，當年北市銀與飛駝的競爭，迄今都為老球迷津津樂道。此

上／陸光隊轉型為國訓隊，圖為二〇〇七年參加企業聯賽的國訓隊，還獲得墾丁夏都飯店的冠名贊助

下／二〇〇七年的夏都國訓擁有曾台霖（中）、方靖仁（右二）等好手。

左／二〇一二年國訓隊參加城市聯賽，隊長詹哲淵（右）於退伍後加入台電隊。

C.K.CHEN
28
8
8

外，不只是國內賽事表現優異，更應邀出國訪問比賽，曾到過美國、歐洲與東南亞各地，也都獲得當地僑胞與當地外國友人的一致好評。

值得一提的是，中山足球場一九八九年啟用的第一場比賽，就是由主人台北銀行隊對決來訪的香港南華隊。球場啟用的第一顆進球，就是由北市銀黃頌舜踢進，這成為佳話，更是北市銀隊不能遺忘的重要歷史。

此外，與現在各層級足球隊都有外籍球員在場上奔馳不同，早期台灣足球聯賽是看不到洋將身影的。台北銀行則是開風氣之先，特聘兩名當時就讀台大的土耳其交換生參賽，足見當時台北銀行對球隊的支持以及期待。

台北銀行實力強勁，但同樣面對時空環境的變化。一九九七年，台北銀行民營化的進程正式展開。而一九九九年接任台北銀行總經理的丁予康，開始檢討銀行營運狀況，首當其衝的，就是表現出色的台北銀行足球隊與籃球隊。儘管包括葉錦東等人都不斷努力，希望能延續球隊，但最終仍無能為力。

台北銀行足球隊無法繼續前進，但留下的輝煌卻會一直留在台灣的足球發展中。包括現任台灣中油足球隊教練鐘劍武、現任台電足球隊教練陳貴人、現任花蓮縣女足隊教練朱文彬、現任中華民國足球協會祕書長方靖仁、現任銘傳大學男足教練曾台霖、現任北市大運動健康科學系副教授陳永盛等眾多足壇名將，甚至演員兼歌手王識賢，都是台北銀行足球隊培養出來的知名球員，也讓北市銀的故事能繼續流傳。

上／一九八一年北市銀參加夏威夷皇冠盃足賽，由台北市長李登輝授旗。

下／一九八四年北市銀出征夏威夷皇冠盃足賽。

二 【男足】不離不棄的台電、大同

談到台灣足壇的要角，不能不提「南北雙雄」台電與大同。其中台電會成立足球隊，要追溯到前台電總經理孫運璿擔任經濟部長期間，為提倡運動，從一九七〇年起要求公部門各單位舉辦運動會。經濟部運動會每年舉辦經濟盃足球賽，台電原本沒有固定的足球隊編制，打入總決賽也贏不了中油，遂於一九七八年成立足球隊，以每年兩百萬元預算成為常態性組織。

由於當時台電東部電力處有興建「溪畔發電廠」的多餘預算可運用，時任東部電力處會計課長的鍾茂竹曾是花蓮岳虎隊球員，被委以組隊任務，因此台電足球隊最早落腳花蓮，並延攬剛從陸光退伍的國腳謝善伍成為首任隊長。草創時主要吸收花蓮國光商工應屆畢業球員，以及東部電力處的員工。其中的盧崑山後來創立了麗臺科技，成為力挺足球的企業主，甚至當上中華足協理事長。

一九七九年十一月，甫成軍的台電足球隊就在經濟盃擊敗中油，奪得冠軍。隔年在慶祝北迴鐵路通車的「全國北迴鐵路通車紀念盃足球錦標賽」僅次於飛駝，拿下社會男子甲組亞軍。

一九八四年台電到韓國訪問，謝善伍（前排左三）已是助理教練，後來成為功勳教頭的黃仁成（前排左四）才剛入隊。

足協盃七戰全勝　晉升甲組

由於足協要實施社會甲、乙組賽制，於一九八〇年五月舉辦足協盃，打入男乙組前兩名就能晉升甲組，結果四強交叉，台電以〇比〇與飛駝乙隊打入延長賽。惜搶攻不成，反被對手兩度快速反擊得手，僅獲季軍，無緣升級。不過隔年台電捲土重來，延攬門將陳忠順（後改名陳宥豪）等陸光退役國腳，終以七戰全勝奪得足協盃乙組冠軍，並達成升上甲組的目標。

一九八三年，足協正式開辦「全國男子甲組足球聯賽」。台電首屆雖僅獲季軍，前鋒黃榮發卻榮膺進球王。隨後台電逐年補強，一九八五年延攬陸光退伍的好手黃仁成，一九八七年開始以外聘訓練員名義延攬大專好手助陣，終於在該年的第五屆全國甲組聯賽勇奪冠軍，前鋒繆進忠、王義文於進球榜分居一、三名。

然而，首次「全國制霸」的這年，台電足球隊卻面臨經費問題。原本落腳花蓮是因興建電廠有多餘預算能贊助足球隊，豈料相關計畫的環評卡關，總教練鍾茂竹只好從公司內部尋找能接手足球隊的單位，最後找上了位於南投水里的抽蓄工程處。

穿越中橫　花蓮遷隊到南投水里

當時抽蓄工程處正要展開明潭電廠抽蓄發電工程，經費較為充裕，時任處長高呈毅又打過台大橄欖球隊，熱愛運動。不過高呈毅一開始對台電足球隊的印象不好，幸好在一場四國聯誼比賽中，外聘訓練員簡奕修上演「帽子戲法」，讓看到報紙的高呈毅刮目相看，不但願意支持運作經費，甚至認為應該把足球隊移到水里，才能給予實質幫助並落實訓練。台電足球隊於是「搬家」穿越中橫，在一九八七年十月正式落腳水里。

一九九一年，台電贏得轉戰水里後的首座全國甲組聯賽冠軍，該年底更將球員出身的助理教練黃仁成晉升為總教練。黃仁成了解球員的想法和需求，管理嚴格，也獲得總管理處的信任與支持，在補人上擁有極大權限，若有球隊急需補強的位置或優秀好手，只要有國腳資格就可提報，經育樂活動推行委員會同意就可直升正式員工。中華隊主力中場好手陳貴人就是循此管道於一九九二年加盟。

除了球隊管理奠下根基，補人空間大，黃仁成任內也完成台電足球隊第二次「搬家」。原本台電足球隊都是靠工程預算來支撐，明潭電廠抽蓄發電工程竣工後，足球隊又得搬遷。

CTFA
中華民國足球協會
CTFA
TAIPEI
臺北市政府

右上／前高雄縣長余政憲（左）在台電落腳高雄扮演重要角色，圖為他在二〇一五年世足資格賽擔任中華男足領隊。時任中華男足總教練陳貴人（中）、助理教練陳俊明（右）也都是台電出身。

右下／二〇〇七年台電奪得企業聯賽冠軍。

上／二〇〇七年企業聯賽封王戰，台電陳啟峰（上）攻破大同門將許人丰把守的大門，興奮的脫衣慶祝進球。

南霸天崛起　十連霸空前絕後

黃仁成考量南部足球風氣盛，隊員也大多來自南部，希望球隊能落腳於高雄或台南。恰好時任高雄縣長的余政憲積極招手，發揮臨門一腳，黃仁成遂向總處建議，以高雄興達發電廠作為足球隊真正安身立命之處。從一九九六年七月完成遷隊後，台電足球隊以興達電廠為「家」迄今，開始擦亮「南霸天」招牌。

至二〇〇三年因為身體狀況交棒為止，台電在黃仁成任內共獲得十一座全國甲組聯賽冠軍。不僅終結了原本由飛駝與北市銀壟斷王座的局面，二〇〇四年陳貴人承接兵符也順利奪冠，完成甲組足壇「十連霸」的空前紀錄，迄今未被超越。其中陳俊明、黃哲明兩位好手，更以球員身分全程參與十連霸的輝煌時代。

從甲組聯賽、企業聯賽到城市足球聯賽，台電共贏得二十座男足頂級聯賽冠軍（二〇〇八年台電在企業聯賽與城市聯賽奪得雙料冠軍，以前者為該年的頂級聯賽），是台灣足壇無可取代的霸主。而在一九九九年北市銀轉為民營，隔年起解散足球隊後，台電更成為唯一對足球不離不棄的國營企業，聘僱球員為正式員工，提供掛靴後的保障工作，更扮演著國家隊的重要後盾。歷年來披過國家隊戰袍的台電球員已超過百位，堪稱不折不扣的「國腳搖籃」。

大同精神　支持足球近一甲子

大同公司足球隊成立於一九六三年。其實在參加對外比賽之前，大同公司與其建教合作的大同工學院、五專部、大同高職與其附設補校，就經常聯合舉辦校際足球賽。而大同董事長林挺生認為足球隊的嚴格訓練，建立其母校台北二中（現成功高中）的傳統風氣，常在公司會議中勉勵同仁要用足球比賽「把球送進球門為止」的精神態度，群策群力，盡最大拚勁完成工作。也讓大同母企業儘管歷經經濟不景氣等挑戰，仍支持足球隊迄今，在球場上也踢出「要贏大同沒那麼簡單」的口碑。

大同成軍之初，陣容以公司員工與喜愛足球的同好為主。在足協開始實施社會甲、乙組賽制時，大同主要在乙組征戰，於一九八二至一九八五年締造中正盃社男乙組三連霸佳績，到一九八六年才升上甲組。一九八八年，現任教頭強木在上任，開始調整足球隊組成方式，提升競爭力，也開始在全國甲組聯賽踢出成績。

「大同公司董事長林挺生對足球很有興趣，非常支持足球隊，我也希望能夠提升戰力，幫公司踢出好成績！」強木在說，大約從一九九〇年代開始，大同開始吸收輔仁大學、文化大學等北部大學體育系學生，畢業退伍後成為大同公司的僱員，成績也扶搖直上，於一九九三年第十屆甲組聯賽奪得亞軍，創隊史新猷。

上／二〇一七年企甲聯賽冠軍戰後，大同總教練強木在（左）與台電教頭陳貴人握手致意。

下／台電 vs. 大同是台灣足壇最老字號的招牌對決，被喻為「台灣德比」，圖為二〇一七企甲聯賽冠軍戰，台電後衛林正益（左）飛鏟阻止大同前鋒洋將馬可。

左／綽號「臭屁」的隊長吳俊益，是率領大同長年對抗台電的要角。

TATUNG
26

強木在也分享當時的一段小插曲，相當程度成為他執教大同的理念。一九九一年，大同到大溪地參加四國邀請賽，對上了中國勁旅北京隊（北京國安前身）。儘管對手實力堅強，大同卻在比賽中先馳得點。「當時我突然覺得，對手雖然強，但只要大家拚、好好打，沒有什麼對手是我們贏不了的。雖然那場比賽最後沒贏，不過精神、士氣和鬥志始終是大同足球隊最重視的元素。」

南台電、北大同　雙雄統御台足

隨著飛駝、北市銀先後走入歷史，台電、大同逐漸成為台灣男子足壇「唯二」聘僱球員的正港社會球隊，也成為球迷口中的南北雙雄。並且受到西方用語影響，把雙雄的對決冠以「台灣德比」，是寶島足球最重磅的經典戲碼。

悶的是，從一九九五到二〇〇四年台電十連霸甲組聯賽期間，大同硬生生拿了七次亞軍。直到二〇〇五年，大同才在黃瑋儀等新生代前鋒與吳俊益、朱文彬五年級老將「老少配」合作下，以十二勝一和的不敗戰績在台中體育場提前登基，贏得成軍四十二年的首座頂級聯賽冠軍，揮別萬年老二與「盃賽之王」的宿命，斬斷了台電的十連霸。隔年，還在改制後的「富邦企業聯賽」成功衛冕王座。

全國制霸，讓大同得以代表台灣出征亞足聯主席盃，但參加俱樂部國際賽，卻也間接讓大同足球隊的一項傲人傳統走入歷史。原來大同足球隊從創隊之初，就建立了「背號不重複」的傳統，也就是每個球員都有自己的專屬背號，等到累積人數到達百人，就在號碼下方加一橫線，比如穿著一號球衣的門將廖洪趾，其實是大同隊史的一〇一號，形成球隊的一大特色。

「不過去參加主席盃，大會規定參賽隊伍只能用一到三十號。」強木在表示，大同的背號傳統跟國際賽規定衝突，加上後來實際聘僱於公司的球員逐漸減少，外聘學生助陣的人數變多，每年可能多達七、八人，流動性較高。加上球員若非大同員工，專屬背號也失去意義，才結束這項傳統。不過擁有大同專屬背號的球員前後共超過兩百人，也是大同長年耕耘足壇的具體證明。

全外聘加洋將　大同企甲時代三連霸

隨著外聘學生球員逐漸增多，大同足球隊二〇一六年起與台北市立大學合作，轉型為全外聘陣容。儘管有不少人擔心大同不再聘任專職球員，可能是要結束球隊的徵兆，但大同還是延續林挺生、林蔚山父子力挺足球的理念。強木在也表示，因為公司結構的調整，把工廠搬遷到桃園，足球隊員若聘在公司內，下班還得趕回台北訓練，多數人並不願意，也是轉型全外聘的主要原因。

5
TATUNG
92
GET

右上／大同早在二〇一二年城市聯賽就有來自土耳其的「台灣女婿」朱恩樂（中）助陣。
右下／洋將馬可在大同的企甲三連霸扮演重要角色，二〇二〇年他改披台灣鋼鐵戰袍。
上／二〇一七年大同贏得首屆企甲聯賽冠軍，賽後感謝於台北田徑場加油的觀眾。

大同足球隊的結構調整，也讓他們比起屬於國營企業的台電隊，在運作上更有彈性空間，尤其兩隊的本土好手各擅勝場，大同卻能透過聘請洋將來替陣容加分。最具體的例子就是從二〇一七年全新的「台灣企業甲級足球聯賽」上路後，大同請來英屬土克凱可群島的黑人前鋒馬可費內路斯（Marc Fenelus），效力三季，瘋狂攻入七十八顆聯賽進球。也讓此前僅拿過三座頂級聯賽冠軍的大同，於改制台企甲後直接包辦頭三年冠軍。

對於這樣的競爭局面，還有導入洋將已成趨勢，陳貴人也曾向台電公司提出外援需求。但因台電為國營企業，聘請老外牴觸其「扶植球隊，推廣國內球類運動」的初衷，並沒有接受。不過台電足球隊也以此激勵本土球員繼續提升實力，在二〇二〇年的企甲聯賽比下宿敵大同，甚至同季三循環對戰都拿下勝利。

作為足壇的兩大長青樹，台電、大同合計奪得二十六座國內頂級聯賽冠軍（統計至二〇一九年底）。從一九九五年起二十五年間，聯賽冠軍更僅有一次旁落他手（二〇〇九年由台灣體院化身的高雄耀迪贏得城市聯賽冠軍）。除了「全國制霸」，雙雄當然也希望走出台灣，為國爭光，特別是台電還在二〇一一年贏得了亞足聯主席盃冠軍（見本章第三節）。

不過主席盃只辦到二〇一四年，隨後亞足聯開始讓原本參加主席盃的國家，其俱樂部能透過資格賽參與亞足聯盃（AFC Cup），也讓大同於二〇一六年八月首次參加亞足聯盃資格賽。可惜面對不丹與孟加拉的對手都踢平，無緣晉級。

培育梯隊　大同高中招足球員

接著台足雙雄要征戰國際，卻碰上亞足聯俱樂部認證（Club License）的考驗，成軍歷史都超過四十年的台電、大同，在組織架構等多方面都不符認證標準，唯有達標才能參加亞足聯盃等俱樂部國際賽。

為此，台電、大同兩大老字號勁旅也展開了體質上的變革，希望「老店新開」與國際接軌。按照亞足聯規定，足球俱樂部必須為獨立法人。這點，作為民營企業的大同公司較具彈性，也在母企業的支持下，於二〇一九年五月二十三日設立登記「財團法人台北市大同足球協會」，以此獨立法人身分來營運足球隊。

梯隊部分，大同近年逐漸轉型為全外聘陣容，倒也適時「助攻」。曾效力過大同的泰雅族雙胞胎國腳羅志安、羅志恩，分別執教於北市的民族國中、和平高中足球隊，成為大同的U15、U18梯隊。

此外，大同高中也從二〇一九年開始招收足球專長生，準備成立足球隊，展現大同持續耕耘足壇的決心。強木在表示，首屆招了七、八名足球專長生，必須加上一些喜愛足球的學生才能出隊，未來陣容可望更為完整。相較之下，大同最頭大的認證標準則是主場。強木在說：「相比其他企甲球隊幾乎都有自己的球場，這點我們是比較吃力。」

排除萬難　台電也獲俱樂部認證

台電部分，作為國內待遇最穩定、生涯最有保障的足球隊，卻像無法聘請外援的困擾一樣，卡在國營企業的體制無法成為獨立法人。原來台電足球隊從一開始成軍，就和公司內其他的成棒、女籃隊一樣，被定位為員工的育樂單位，雖然足球隊編制在興達電廠，卻由總管理處的育樂活動推行委員會指揮，並非獨立法人。

如果體質、待遇最好的足球隊都無法取得俱樂部認證代表台灣，不只對台電，對足壇也是種傷害。偏偏在國營事業中的變革格外不易，幸好在中華足協與身兼高雄市足委會主委的立委劉世芳奔走協助下，讓台電足球隊找到成立子公司解套的變通方法。陳貴人說：「感謝劉委員當推手，足協幫忙想辦法，以及公司的相挺。畢竟要讓高層理解及接受俱樂部認證的必要性，不是足球隊單方面能夠完成的。」

台電過去長年以鳳山體育場為訓練、比賽場地。雖然體育場在二〇一四年拆除，幸好台電公司在興達電廠蓋了足球訓練場，配合高雄國家體育場為比賽場地。台電足球隊的硬體不負「南霸天」威名，梯隊則銜接鳳西國中、中山工商。不過足球俱樂部需要專職管理運作，但台電足球隊目前按公司規定只能聘球員、訓練員、防護員與物理治療師，沒有專職行政人員，仍待進一步完備。

二〇一九年底在足協與亞足聯的審查下，台灣共有台電、大同、航源FC與台灣鋼鐵等四支男足球隊，有條件通過亞足聯俱樂部認證，也讓分居該年企甲聯賽冠、亞軍的大同、台電，獲得代表台灣出征二〇二〇年亞足聯盃的資格。

疫情作梗　出征亞足聯盃再等等

可惜台足雙雄此番躊躇滿志的歷史性突破，卻因二〇二〇年新冠病毒疫情爆發而卡關。尤其台電農曆春節後就要在亞足聯盃資格賽遠征蒙古烏蘭巴托，全隊都已到桃園機場準備登機，卻因蒙古不願核發入境簽證而無法成行，令台電徒呼負負。

由於疫情持續肆虐，二〇二〇年亞足聯盃賽事最終全部取消，就連直接進入東亞區小組賽的大同也無緣一展身手。對此，強木在、陳貴人都直呼可惜，但也願意接受這個結果。

「疫情關係，還是以大家的安全為最重要的考量。畢竟去、回都要隔離十四天，參賽球隊根本無法正常運作。」陳貴人說：「我們也只能激勵球員，今年要重返榮耀本來就是共識，想要踏上新的戰場，必須奪冠才能打明年的亞足聯盃資格賽。有榮譽，才能跟公司爭取福利，沒成績就沒聲音，冠軍才是王道！」

三 【男足】前進亞洲

台電贏得亞足聯主席盃冠軍

提到台電，除了甲組聯賽十連霸紀錄，不能忘記二〇一一年的亞足聯主席盃冠軍。台灣一直沒有職業足球聯賽，亞洲原本的俱樂部國際賽，包括頂級的亞洲冠軍聯賽與次一級的亞足聯盃，原本都沒有台灣的份，直到二〇〇五年亞足聯推出願景計畫，希望提升亞洲足球發展中國家的實力，開辦了第三級的「亞足聯主席盃」（AFC President's Cup），台灣的俱樂部才得以站上正式國際賽舞台。

我國由頂級聯賽冠軍代表出征主席盃，至這項賽事於二〇一四年走入歷史為止，共有大同、台電與台灣體院化身的高市耀迪曾代表台灣參賽。其中又以二〇一一年台電舉起台灣睽違五十二年的男足國際賽冠軍最為驚奇。

在主席盃中，尼泊爾、台灣、不丹、斯里蘭卡、巴基斯坦與柬埔寨每屆都獲邀參賽，孟加拉、土庫曼、蒙古、菲律賓與北韓的俱樂部也是常客。二〇〇五年首屆賽事在尼泊爾首都加德滿都舉行，前一年完成甲組聯賽「十連霸」的台電代表台灣出征，可惜小組賽戰績一勝一和一負屈居第三，以一分之差無緣晉級四強。

第二屆主席盃在馬來西亞古晉舉行，中斷台電十連霸的大同代表台灣出征，以二勝一負、A組第二成績打入四強。可惜準決賽一比三不敵塔吉克球隊，無緣爭冠。隨後三屆台灣球隊都在小組賽止步，未能挺進淘汰賽。

阿里山特訓　攻克加德滿都

二〇一一年主席盃共十二隊角逐，先分三組進行預賽，代表台灣出征的台電分到C組，又要去此前吃過兩次苦頭的加德滿都比賽。為了克服當地海拔超過三千公尺的高山氣候，總教練陳貴人請益國內資深教練後，將全隊帶到阿里山特訓，可是海拔還不夠高，只好讓球員戴N95口罩練跑、練球，以強化心肺功能。

為了安全，台電山訓時，公司車就載著氧氣筒跟在後面。有不少球員跑到嘔吐、流鼻血，不過辛苦是值得的。四月預賽遠征加德滿都，台電首戰以一比一踢平土庫曼巴爾幹FC，次役由潘國凱、何明站、陳毅維連袂破門，以三比〇大勝巴基斯坦瓦普達。最後一役再靠中華隊隊長陳俞霖第六十六分鐘的進球，以一比〇氣走地主尼泊爾警察，戰績二勝一和，拿下C組冠軍，挺進六強決賽。

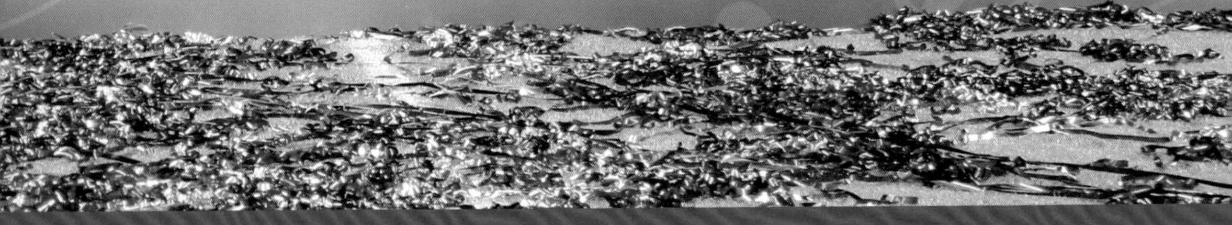

上　／二〇一一年台電隊在高雄國家體育場舉起亞足聯主席盃冠軍金盃。

左上／台電隊總教練陳貴人（左）、主將陳柏良出席主席盃賽前記者會。

左下／二〇一一年台電為了準備到加德滿都踢主席盃小組賽，全隊拉到阿里山特訓戴口罩跑步。

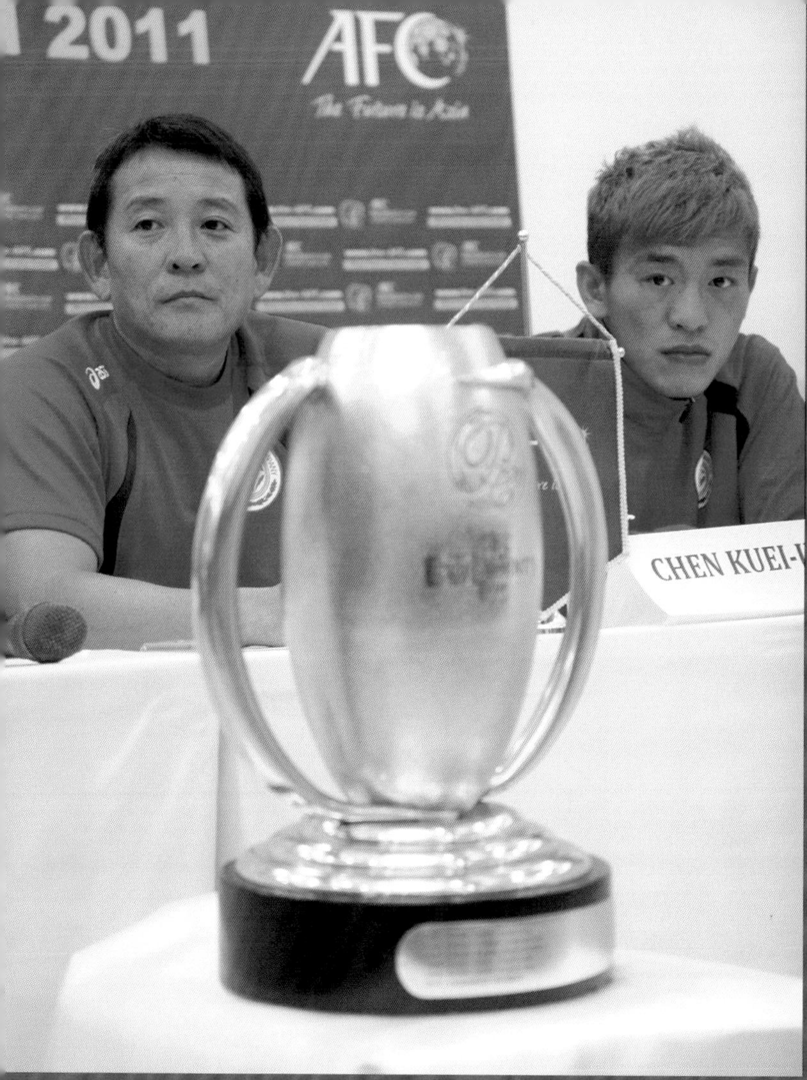
2011
AFC
The Future is Asia
AFC
PRESIDENT'S
CUP
CHINESE TAIPEI 2011
asics

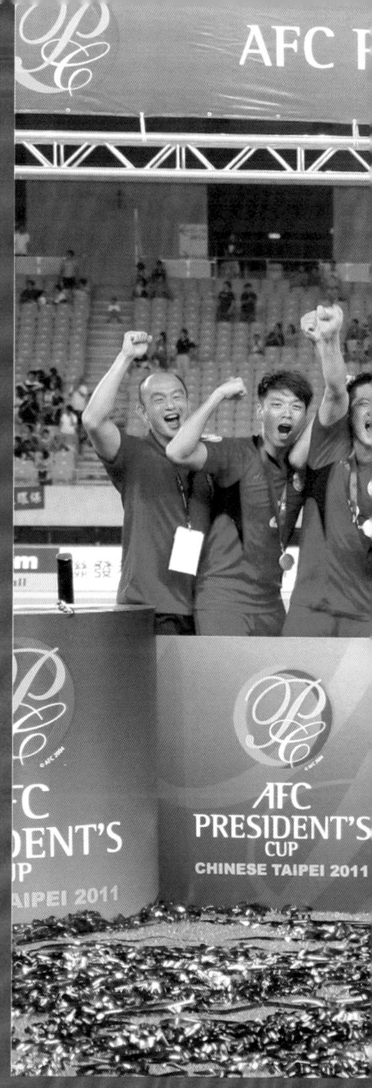

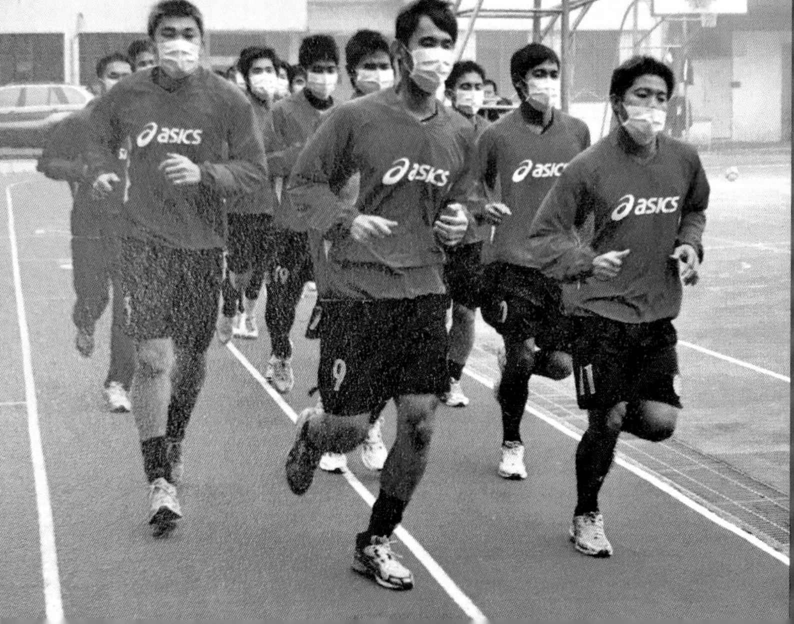

搶下決賽門票之後，曾是台電創隊元老的中華足協理事長盧崑山也出手助攻，爭取到六強決賽的主辦權，讓台電有主場優勢做後盾。恰好旅外好手陳柏良結束與港甲天水圍飛馬的合約回國，重返老東家懷抱。加上原本陣中的國門呂昆錡、射手何明站、快腿江世祿等好手，軍容壯盛的台電得以在天時、地利、人和下，在九月的高雄國家體育場迎接主席盃決賽。

天時地利人和　高雄主場捧金盃

台電決賽分到A組，取得分組第一才能爭冠，九月十九日首戰在滂沱大雨中對決塔吉克的伊提洛爾、陳柏良、江世祿上半場先後破門，門神呂昆錡一夫當關，以二比〇開出紅盤。次役九月二十三日，台電碰上預賽戰平的巴爾幹FC，上半場雖以〇比二落後，但在主場兩萬多名觀眾的加油聲中沒有放棄，下半場陳柏良先助攻何明站攻入第一球，再殺入禁區製造一顆十二碼球。而當隊長郭殷宏替台電扳成三平後，陳柏良又連過三人起左腳破門，澆熄客隊的反攻希望，也取得與柬埔寨金邊皇冠爭霸的門票。

九月二十五日冠軍戰，金邊皇冠是柬埔寨的職業隊，陣中還有兩名奈及利亞傭兵。但台電毫無懼色，開賽不到三分鐘，就由郭殷宏下底傳中助攻老搭檔何明站衝頂破門，首開紀錄。客隊雖於第三十五分鐘扳平，台電又在下半場開賽兩分多鐘發動突襲，陳柏良斜傳何明站起腳破門，二比一討回領先。

第六十三分鐘，陳柏良爭得十二碼球機會，可惜黃楷峻把球踢飛。但他立刻將功折罪，左路突破下底橫傳，讓陳柏良在亂軍中攻入台電的第三球。隨後台電陳俞霖被直接紅牌罰下，金邊皇冠一度追到二比三，但客隊沉不住氣推擠裁判，動手的三人都被紅牌趕出場，讓台電以一球之差氣走只剩八人的金邊皇冠。

陳柏良MVP　何明站穿金靴

「從小踢球長大，我從來沒想過能代表台電拿到這個比賽的冠軍。」陳柏良賽後激動地說：「我只能說太棒了，今晚將是台灣足球人最美好的夜晚，因為我們沒有職業足球，卻能擊敗其他國家的職業隊奪冠。至於個人獎項，我覺得不是那麼重要，只要有把冠軍留在台灣，那就好了！」陳柏良抱走了大會最有價值球員，何明站則以六顆進球穿上金靴。

這是台灣自一九八九年大洋洲盃女足賽以來，所贏得的首座正式國際賽冠軍。若論男足，更是自一九五八年東京亞運以來，睽違五十二年再嘗奪冠滋味。超過半世紀的等待，隨著台電隊長郭殷宏舉起了亞足聯主席盃冠軍獎盃，在彩帶與皇后合唱團「We are the Champions」的歌聲中成為隨風往事，現場三二三八位觀眾則沉醉在港都的激情夜晚。

儘管主席盃只是第三級賽事，但冠軍就是冠軍，而且參加這項賽事的國家都有職業足球

上／航源事業董事長林湧成（右）與輔仁大學建教合作，成為國內唯一擁有男、女足頂級聯賽球隊的企業。

左上／航源 FC 前鋒陳慶烜在二〇一八年亞足聯盃攻破澳門本菲卡大門。

左下／二〇一九年航源 FC 聘請多名洋將角逐亞足聯盃，右為韓籍前鋒朱益成。

QNB
Allianz
TOYOT
BI AIRPORTS
9
31

聯賽，其冠軍隊卻臣服於仍屬業餘性質（或稱半職業）的台電腳下，這才是主席盃冠軍鼓舞足壇的積極意義。事後來看，曾被稱為「足球沙漠」的台灣，接下來的確爆發出沉悶已久的能量。

航源ＦＣ角逐亞足聯盃　台灣足球職業化有望

台灣足球頂級聯賽的發展，在二〇一七年由中華足協打造企業甲級足球聯賽後，開始逐漸步上軌道。一定要提到的第一步，就是航源ＦＣ在二〇一八年成為台灣史上第一支通過亞洲足球聯盟（ＡＦＣ）十八項俱樂部認證的球隊，並在當年代表台灣挑戰亞足聯盃（AFC Cup）賽事。接下來中華足協追求聯賽正常化目標確立，開始要求企甲聯賽所有球隊都要完成亞足聯俱樂部認證，也讓企甲聯賽球隊的格局與規模趨於完整，並逐漸往職業化可能性前進。

所謂亞足聯俱樂部認證，是來自於亞足聯為了確保各國國內聯賽健全發展，並讓各國俱樂部穩定成長而設立的制度。要獲得亞足聯俱樂部執照，必須在運動條件、俱樂部基礎設施、人員行政、法規制度、俱樂部財政等五大條件，以及各大條件下的細項皆符合標準。不但能確保俱樂部發展，具備執照的球隊，才能參加由亞足聯舉辦的跨國俱樂部賽事。

航源ＦＣ在二〇一八年獲得亞足聯俱樂部認證後，開始挑戰亞足聯盃賽事，當年曾遠征北韓，還與北韓國腳雲集的北韓四二五隊交手。儘管實力有所落差，總計航源ＦＣ在連續兩年亞足聯盃奮鬥的成果，雖是一勝難求，但有機會與北韓、香港及澳門的俱樂部球隊交手，對航源ＦＣ的球員來說，已獲得極為難得的經驗，更帶領台灣足球站上亞洲職業足球舞台，讓台灣足球員的實力有機會被世界看到，更成為台灣追求俱樂部認證的先驅，意義非凡。

值得一提的是，航源ＦＣ獲得亞足聯俱樂部執照的關鍵，就是二〇一七年起與輔仁大學足球隊建教合作，包括輔仁大學附屬醫院暨運動醫學中心、球員升學管道輔導、提供優秀選手獎助學金，以及因應台北世大運建成的輔仁大學足球場。結合周邊學校打造梯隊，提升足球風氣，都是航源ＦＣ率先取得亞足聯俱樂部認證的重要因素。

航源ＦＣ踏出第一步，中華足協為了推動聯賽正常化，開始輔助企甲聯賽各隊取得亞足聯俱樂部認證，開設俱樂部認證講座，鼓勵各隊參與，並在二〇一九年獲得重大成果。包括北市大同、高市台電、航源ＦＣ與台南市台灣鋼鐵，皆有條件通過二〇二〇年亞足聯俱樂部執照認證，取得參加亞足聯盃賽事的資格，更象徵台灣足球發展更進一步與世界接軌。

台灣足球職業化一直是許多球迷的期待。中華足協在理事長邱義仁上任後，積極推動聯賽正常化，從賽程規畫開始，也努力協助企甲各隊通過亞足聯俱樂部認證，包括台乙聯賽開踢，以及開辦青年聯賽提供各隊Ｕ15、Ｕ18梯隊參賽，都是為了台灣足球俱樂部更為完整且穩定發展所做的努力。即使目前台灣足球職業化的路途依舊遙遠，但已踏出重要的第一步。

四 【女足】宜寧女足、銘傳、醒吾先後全國制霸

世界女子世界盃在一九九一年才正式由國際足總（FIFA）認證，但在那之前，世界級的女足邀請賽持續在各地舉辦，陸續誕生了非正式的女足世界冠軍。台灣更一口氣舉辦了四次世界大賽，並在一九八七年將冠軍留在台灣。那是一個屬於台灣女子足球榮光的時代，卻也是被眾人遺忘的時代，僅有象徵巾幗不讓鬚眉的「木蘭」之名一路流傳。但回顧歷史才能明白，前人的努力締造了豐碩的成果。這些曾經風光一時的女足球隊，證明了台灣女足的輝煌，更能期許接下來持續奮鬥的木蘭女將，能再創榮耀。

木蘭女足能有一九七〇、八〇年代的光輝燦爛，一定要提到的就是宜寧中學女足隊。當時是一九七四年，由台中市大德國中化身的「佩登斯」女足隊一舉踢下全國「萬壽盃」冠軍，掀起極大關注，更引發希望讓這批球員能持續精進的討論。最後由當時環境絕佳的宜寧中學承接，也就此踢開了木蘭女足的光榮歷史。

宜寧女足在國內賽事所向披靡，一九七七年開始代表中華民國到國外參賽，化身為「木蘭」女足，表現非常驚人，

先是在台北市留下亞洲盃女足賽冠軍，開啟了亞洲盃三連霸偉業，接下來還前往夏威夷、芬蘭、瑞典等歐洲國家參賽。出色實力獲得歐洲各國肯定，直接促成一九七八年十月的第一屆世界女子足球邀請賽，共有十二支來自各大洲的球隊參與，賽事水準可見一班，當時木蘭女足踢下亞軍，更進一步帶動國內關心與支持女足的熱烈情緒。

提到宜寧女足，就一定要提起教練劉潤澤。當時國內女足起步不久，他承擔責任，面對國人期待，又必須對球員的家長負責，他背負的壓力可想而知。他透過嚴格的要求與用心的指導，讓宜寧女足不只在國內風光，出國征戰，甚至是飛出亞洲，挑戰歐洲強權，表現也不示弱。以宜寧女足為班底的木蘭女足，在七〇、八〇年代踢出精彩表現，甚至為中華民國留下世界冠軍的頭銜。劉潤澤有「木蘭之父」稱號，實至名歸。

宜寧女足第一批球員在一九七九年畢業，因台中當地並沒有國中女足隊，校方開始往外縣市尋找人才，不但免學雜費，還提供住宿與膳食。這讓球隊實力延續，更在一九八一年成立國中部球隊，提早挖掘人才，不讓球隊實力出現斷層，更看得出宜寧中學對推動女足的用心。儘管隨著各縣市栽培自家球員的意識覺醒，宜寧招生逐漸遭遇困難，但校方與畢業學生周台英等人回任教練，仍努力延續宜寧香火。

宜寧女足面對招生困難的情況下，仍持續努力培養對足球有興趣的球員，國內戰績依舊傲人，出國參賽也維持一貫水準。但隨著球員人數不斷減少，一九八九年在足協盃踢下隊史最後一座冠軍之後，校方決定解散球隊。過往十五年代表木蘭女足輝煌時代的宜寧女足，也正式畫下句點。

銘傳女足的光榮歷史

談起銘傳女足，就必須談到銘傳大學創校校長包德明，她不僅作育英才，更用心發展足球運動。她一九七七年擔任亞洲女子足球協會副會長，並見證木蘭女足當時在台北為中華民國留下亞洲盃冠軍，更開啟一九七七、一九七九、一九八一的三連霸偉業。她在當時女足發展尚未成形之時，就決定在銘傳女子商業專科學校（現銘傳大學）創立女足隊，並邀請名教練高庸領軍。當時就以為國舉才的目標努力，並栽培出超過五十名國腳，對台灣女足的發展，可謂居功厥偉。

值得一提的是，包德明見證新舊時代交替，更勇於打破過去足球運動多以男性為主的觀念，主動在銘傳打造灘頭堡，建立女子足球隊，並為木蘭女足輸出人才，是木蘭女足能在一九七〇、八〇年代延續國際賽佳績的重要關鍵。

包德明希望打造出色女足隊，除了到東南亞尋找當地華僑，促進國民外交，還特地邀請高庸擔任教練。高庸一九七三年曾前往馬來西亞，參加亞洲區國際足球教練講習，隨後還曾到德國參加教練講習，足球教練的養成堪稱國內首屈一指。他對台灣足球發展念茲在茲，就受邀擔任銘傳女足隊教頭，不只為銘傳女足開啟一頁光輝歷史，最重要的是，銘傳球員入選木蘭女足為國出征，都帶回出色成績。

包括一九八一年亞洲盃冠軍，一九九一年第一屆女子世界盃踢下第八名、一九九四年廣島亞運季軍、一九九五年亞洲盃季軍，與一九九七年亞洲盃第四名。這些木蘭女足在國際上的豐碩成就，皆是以銘傳女足為主體，足見當時銘傳女足為國舉才的出色成果。

銘傳女足不只為中華民國創造光榮，當今女足強權之一的德國隊能有今日榮景，也與銘傳女足有關。原來是因為一九七〇年代的德國（當時為西德）並沒有發展女足運動，但一九八一年獲邀來台參加世界女足邀請賽，即使不是國家代表隊，仍踢下冠軍，進而帶動西德的女足風氣與關注，堪稱間接帶動德國女足發展的推手。二〇一八年還有遠自德國的紀錄片團隊，為了拍攝德國女足成立四十週年的紀錄片來到銘傳大學，見證歷史發生。

銘傳女足擁有輝煌傳統，參加中華民國足球協會舉辦的全國女子甲組足球聯賽表現精彩，奪下五座冠軍。但後期因招生不易，到二〇〇八年已經沒有足夠人數可以繼續參加聯賽，過往留下的輝煌歷史畫下句點。

醒吾女足為國舉才

要推動女足運動發展，總要有熱心毅力的重要人物參與，醒吾女足的成立，就是因為醒吾大家長顧懷祐的用心支持。時間拉回到一九八八年，醒吾女足結合當年台北市木柵國小與

右上／二〇〇一年台北亞洲盃女足賽，擔任中華隊教頭的張明賢（右起）就是來自醒吾學院，與陣中醒吾國腳曾月如、廖櫻灣、何夢華、黃春蘭合照。

右下／醒吾女足的大學隊雖然式微，謝志君仍在中學部努力，圖為二〇一九年她率領醒吾贏得高中聯賽高女、國女組雙料冠軍，被球員拋到空中慶祝。

左／二〇一二年醒吾50周年慶，舉辦女足回娘家傳承活動，陳佳慧（右）是醒吾高中的畢業校友，後來就讀銘傳大學。

下／醒吾高中持續培養女足好手，台泰混血女將林欣卉（左）成為新一代的木蘭新星。

雲林縣中溪國小共十六位球員，開始邁入國內女子足球戰場，並在成軍後第三年勇奪全國李惠堂盃國女組冠軍，並代表國家遠赴加拿大參加分齡賽並獲得冠軍。從此醒吾培養台灣女足人才不遺餘力，更有「女足搖籃」的光榮封號。

顧懷祐年輕時就熱愛運動，他認為運動團隊對教育青年學子有極大幫助。而醒吾女足創隊教練謝志君從小就從事足球運動，對足球充滿熱情。他有感於宜寧中學女足隊在一九八九年走入歷史，積極向顧懷祐爭取創立醒吾女足，接下培育木蘭女足球員的香火。兩人對運動團隊的理念一拍即合，未來培育無數女足人才的醒吾女足就此誕生。

醒吾女足最值得一提的，是當年第一批就讀醒吾的球員，一九九一年國中畢業後，整批直升醒吾高中，成為醒吾女足高中隊，又在三年後畢業，經過甄試，成為醒吾女足大專隊。自此，醒吾女足成為國中、高中與大專皆具的三級足球隊，更在一九九八年，經過醒吾女足培養出的選手，正式突破百人。儘管照顧球員需要花費的金錢與心力都非常驚人，但顧懷祐與謝志君，以及學院部張明賢、顏士凱等各級球隊的教練與老師們的付出，令人欽佩。

醒吾女足的三級球隊曾在一九九七年一舉囊括「三級冠軍」，分別在青少年盃、青年盃與大專盃封后，更在金車聯賽（之後的全國女子甲組足球聯賽）首度拿下冠軍，開啟往後的聯賽霸業。醒吾女足自一九九七年起踢下六座冠軍，包括二〇〇二到二〇〇五的四連霸，無論是冠軍次數或連霸次數，都締造聯賽紀錄。而中華女足最近一次打入國際大賽冠軍戰，於一九九九年亞洲盃摘銀，就是由來自醒吾體系的總教練張明賢領軍。

醒吾女足持續在基層作育英才，教練謝志君用心栽培球員，超過三十年的努力，讓醒吾女足成為國內勁旅。但更重要的是醒吾為國舉才的堅持與毅力，成為造就木蘭女足重返光榮的重要基石。惟目前醒吾體系的大專部（醒吾科大）已無女足隊，集中火力在醒吾高中培育基層，在二〇一九年的中學足球聯賽稱霸高女組與國女組，是最近一次囊括「雙料后冠」。

五【女足】木蘭聯賽時代

台灣女足欠缺企業穩定奧援，在銘傳、醒吾等長年支持的私立院校也因為兵源不足而式微後，讓國際賽成績陷入雪崩式下滑的十年低谷（詳見第二章），直到二〇一四年在體育署副署長彭臺臨的大力推動下，結合中央、地方政府補助與企業贊助，把原本的全國女子甲組聯賽改制為半職業的木蘭足球聯賽，藉提升聯賽水準來帶動國家隊戰力，才開始讓女足止跌回升。

彭臺臨認為台灣不能缺席足球這樣的主流運動，女足更是有機會在國際踢出佳績的團隊，喊出將女足推進二〇一六里約奧運的競技目標。作為二〇〇四雅典奧運的雙金推手，彭臺臨有著「金牌教練」的哲學，但若聘請日本優秀教練來台長期執教女足不易，不如將代表隊「送出去練」，成效絕對優於純粹出去「移地訓練」。

神戶雌獅訪台　傳遞半職業聯賽想法

趁著日本女足冠軍隊神戶雌獅（ＩＮＡＣ）會長文弘宣

在二〇一三年四月底訪台拜會中華足協與體育署機會，彭臺臨提出欲讓中華隊赴日「代訓」的想法，獲文弘宣首肯，後來也確實在該年九月成行。不過文弘宣給台灣女足的建議，卻發揮了更重要的作用。

「你們以前不是有亞洲女足的進球后周台英嗎？台灣女足有很棒基礎，必須成立社會球隊，國家隊才有競爭力。」文弘宣當時說：「日本可以，台灣當然也做得到。」

ＩＮＡＣ當時擁有傳奇名將澤穗希等好手，連兩年稱霸日本女足撫子聯賽，二〇一二年主場平均票房六七一九人，撫子一級聯賽十隊的平均票房也有二八九八人，經營成效斐然。文弘宣拜訪足協時，特別對於台灣創辦社會女足聯賽，該如何組織聯賽、經營俱樂部、球隊組織架構、雇用球員、訓練環境、宣傳活動及動員球迷，給予了全面性建議。

文弘宣的建議令彭臺臨眼睛一亮，體育署六月下旬就邀集足協與各縣市代表進行研商會議，初步決定成立五支球隊與地方政府結合。至於這個女足社會聯賽的名稱也很自然，因為我國受國際打壓走不出去的時候，化名「木蘭」的中華女足曾替國人揚眉吐氣，就取了「木蘭聯賽」這個具有歷史性意義的名稱。

女足歷史意義　木蘭聯賽誕生

參賽隊伍方面，彭臺臨希望國內女足最主要的大專球隊台灣師大、台灣體大，能分別代表所在的台北市、台中市出賽，後者成為台中藍鯨。但北市一開始表達無意參加，最後師大好手結合汐止ＳＣＳＣ俱樂部，以台北ＳＣＳＣ為名參賽。

彭臺臨爭取的另外三個參賽縣市為新北市、高雄市與花蓮縣，但高市女足斷層了一段時間，沒能出隊。近年來成為「女足搖籃」的花縣則最為順利，除了地方政府力挺，還獲台開冠名贊助。意外的是，二〇一三年底奪得全運會女足金牌的新北市，應該是木蘭聯賽的當然創始班底，結果市府最後一刻抽腿，幸好新竹縣積極爭取，最終新北這批金牌班底改披竹縣戰袍，以「新竹ＦＣ」為名出征木蘭聯賽。

由花蓮台開、台中藍鯨、台北ＳＣＳＣ、新竹ＦＣ角逐的首屆木蘭聯賽，就這樣在二〇一四年四月十二日正式開踢。頭兩屆比賽維持四隊規模，聯賽採四循環積分制，唯一有企業贊助的花蓮台開果然成功爭取到好手回流，均拿下冠軍。

儘管不是體育署最初設定的五隊規模，但以當時國內女足球員的數量，四隊踢起來算是剛剛好，花蓮基層雄厚，台北ＳＣＳＣ、台中藍鯨有大專球員當後盾，新竹ＦＣ有「三劍客」林玉惠、藍美芬、蔡欣芸領軍，多名社會人士正值當打之年，經驗豐富，也符合木蘭聯賽要延長球員運動生命的宗旨。

企業冠名　花蓮台開三連霸

除了比賽較原本的女甲聯賽更激烈好看，木蘭聯賽既有政府贊助，也要求各隊必須有專屬辦公室、管理與守門員教練、體能教練、防護員等編制。一改以往女足隊往往只有一個總教練，校長兼撞鐘，連球員都得分擔眾多行政工作的狀況，更能在充足後勤支援下專注比賽，也是品質提升的一大關鍵。

戰況方面，花蓮台開作為聯賽成立時唯一有企業贊助的隊伍，果然成功吸引東部好手回流，完成三連霸。即使二〇一六年第三屆加入另一支有企業冠名贊助的高雄陽信女足，也無法撼動花蓮霸業。

二〇一七年，師大女足改以「台北 Play One」隊名參賽。台開則結束三年冠名贊助，衛冕者在縣府支持下以「花蓮女子足球隊」為名尋求四連霸。加上輔大女足化身的新北航源加入戰局，木蘭聯賽首次擴軍到六隊規模，還新增了兩回合決勝的總冠軍賽。

結果花蓮在前一年中場核心王湘惠赴日發展，隔年再偕當家前鋒余秀菁一同加入中國北控鳳凰女足隊的情況下，青黃不接的花蓮該季落居第三，未能拿到總冠軍賽門票而連霸夢碎。反倒是堅持持控球打法的台中藍鯨熬出了頭，以例行賽第二名挺進總冠軍賽，反以兩回合總比分三比〇力壓例行賽戰績最佳的台北 Play One，首度封后，也成為木蘭聯賽歷來第二支冠軍隊。

藍鯨崛起　掀起藍色霸業

二〇一八年，頭四季兩度拿下亞軍的新竹ＦＣ走入歷史。餘下主將如中華女足門神蔡明

上／二〇一三年4月神戶雌獅會長文弘宣來台分享俱樂部經營理念。
下／二〇一三年9月中華女足赴神戶移地訓練，並與神戶雌獅踢練習賽。
左上／中華女足領隊龔元高（左）在神戶設宴感謝文弘宣的協助。
左下／二〇一三年效力神戶雌獅的日本球星澤穗希在訓練場替球迷簽名。

INAC會長 文 弘宣先生
贊助中華女足接受INAC的訓練指導
龔領隊
體隊職員敬贈於2013/9/12

容轉戰藍鯨，輔大女足則未單獨出隊，與多名前新竹ＦＣ球員改以新北國際為名參賽。在五隊角逐下，藍鯨除有蔡明容把關，還有包欣玄助陣，以完整陣容獲得例行賽第一名，總冠軍賽再以兩回合總比分四比〇擊退台北Play One，衛冕成功。

二〇一九年，新北航源再次參賽，新北國際其餘球員改以台北國際為名出隊。台北Play One則因敲定與台北市政府的合作，正式使用二〇一七台北世大運的吉祥物為隊名，以「台北熊讚」角逐，木蘭聯賽也重回六隊規模。

本屆尋求三連霸的台中藍鯨又有「高校怪物」蘇育萱竄出，繳出十一進球六助攻的全面演出。射手李綉琴除以十九球穿上金靴，也在九月一日對高雄陽信之戰達成生涯五十顆進球里程碑，為木蘭賽史第一人。最終藍鯨以十三勝二和的不敗戰績拿下例行賽冠軍，並於台灣運彩冠名贊助的總冠軍賽，以兩回合總比分五比二力挫花蓮，成為賽史第二支三連霸勁旅。

二〇二〇年，桃園市正式加入木蘭聯賽行列，接收國際班底化身「桃園國際」，讓木蘭聯賽多了一支結合地方政府的隊伍。儘管因為年初爆發新冠疫情，全球體壇幾乎停擺，木蘭聯賽仍靠台灣防疫有成，於四月十一日照常開踢，成為亞洲唯一能正常比賽的女足聯賽。也促使足協每輪特選一場直播增加英文服務，讓國外悶得發慌的球迷有轉播可看，「Stay With Taiwan Football」。

制度方面，足協也從二〇二〇年開始，要求各隊至少聘請一位月薪三萬五千元以上的全職球員，畢竟台灣女足一直欠缺企業奧援，而木蘭聯賽各隊接受中央與地方政府的補助，自然有義務照顧好球員。

「我們辦木蘭聯賽的目標，就是希望讓球員的收入更有保障，延長運動生涯，不會一畢業就得轉行。」足協祕書長方靖仁表示，除了照顧球員，有國腳級好手受聘為全職球員，也是替國家隊養人，「如果五年後，木蘭每隊能聘三個全職球員，六隊有十八人，國家隊就不用擔心徵召問題。此舉對球員流動也有正面助益，相信會讓木蘭聯賽更加精彩、好看。」

疫情因禍得福　國外好手來台獻技

第七季的木蘭聯賽果然更加精彩，更因新冠疫情「因禍得福」，在各國女足賽事大多停擺下，台灣的木蘭聯賽成為少數能比賽的舞台，來到防疫有成的寶島也令人放心。原本幾乎清一色為本土球員的木蘭聯賽，先有踢過世界盃的泰國後衛溥奕（Pitsami Sornsai）加盟桃園國際，再有具備日本撫子一級聯賽資歷的若林美里，因疫情打消原本赴歐洲踢球的計畫，來台披上了高雄陽信戰袍。「因為台灣防疫做得好，所以決定來到這裡！」這位被喻為「木蘭最強洋將」的好手如是說。

戰況方面，台中藍鯨因為蘇育萱與兩大門神蔡明容、程思瑜赴日發展影響戰力，特別是門將太嫩，讓她們多次付出代價，反倒讓整合有成的花蓮以十二勝三和的不敗成績，舉起隊史第四座木蘭聯賽的冠軍金盃，並粉碎藍鯨四連霸美夢。

至於實施三年的總冠軍賽，二〇二〇年則擴大改制為「木蘭聯賽盃」，由木蘭聯賽六支

上／年桃園國際加入木蘭聯賽行列，桃園市長鄭文燦（後排中）也到國體大比賽現場替球員打氣。
左上／二〇二〇年桃園國際率先延攬泰國國腳溥奕助陣。
左下／高雄陽信聘請有撫子聯賽資歷的若林美里助陣，被喻為木蘭聯賽歷來最強洋將。
下／台中藍鯨找來香港門神吳卓蔚（中），力拚首屆木蘭聯賽盃。

TAOYUAN
2
陽信銀行
SUNNY BANK
11
T. N. CHANG
2

參賽隊伍，依照例行賽成績進行單淘汰盃賽，讓觀眾看到與聯賽不同的比賽魅力。此外，各隊在第三循環才登錄的外援，如陽信的西耶娜（Zabroski Sienna Jade）與藍鯨的香港門神吳卓蔚，因為疫情隔離無法趕上木蘭聯賽，也要趁聯賽盃大顯身手。

七年有成　木蘭聯賽邁向下一步

木蘭聯賽七年有成，固然還有很多地方可以更好，不過回首二〇一四年開辦這項賽事的初衷與目標，的確也都陸續達成。木蘭聯賽讓台灣女足走出十年雪崩式下滑的谷底，除了延長球員運動生命，且透過各隊建構地方梯隊，也使基層女足兵源止跌回升，不再像十年前那般捉襟見肘。如台泰混血的「新台灣之女」林欣卉，十五歲便在木蘭聯賽上演帽子戲法，並越級入選成年國家隊；李翊汶以十三歲之齡上演木蘭聯賽處女秀、十五歲上演帽子戲法，可說新秀輩出。

以木蘭聯賽結合國家隊外籍教練的訓練模式，效果也呈現在國際賽成績上。中華女足在二〇一八年雅加達巨港亞運重返亞洲四強，並於奧運資格賽首度打入第三輪階段就是明證。

此外，木蘭聯賽從二〇一九年底到二〇二〇年初，共有蔡明容、張愫心、程思瑜、蘇育萱等四人成功輸出，加盟日本女足球隊，木蘭聯賽各隊也開始透過吸收外援來提升戰力，不論是輸出或輸入，都愈來愈有接軌國際的味道。台中藍鯨甚至在二〇一九年底，成為我國第一支獲得亞足聯俱樂部認證的女足球隊，展現出「邁向國際」的企圖心。

一如木蘭「巾幗不讓鬚眉」的精神，中華女足上世紀曾是讓台灣走出國際的驕傲。承繼女足精神的木蘭聯賽，在許多地方甚至也走在男足之前，包括率先建立半職業聯賽體制，由藍鯨帶頭嘗試於主場售票。行銷層面也更為靈活，第七季聯賽除獲台灣運彩冠名贊助，還找來內衣品牌 EASY SHOP 作為合作夥伴，完美結合這群在綠茵上揮灑汗水的女孩所呈現的「女力」精神，不畏挑戰勇往直前。

一手催生的彭臺臨則說，看到木蘭聯賽開始請外援助陣，是非常欣慰的好現象，「這不但不會影響本土球員的工作權，還能刺激她們進步。」彭臺臨表示，當年創辦木蘭聯賽的目的幾乎都達到了，但他仍希望讓這個賽事與台灣女足上升到另一個高度。

「二〇二三女足世界盃擴軍到三十二強，台灣非常有機會拿到門票。想想女足相隔三十二年重返世界盃殿堂，對台灣足球會是多大的鼓舞和刺激！」身兼足協監事身分的彭臺臨表示，將力促體育署為女足打入二〇二三世界盃打造專案計畫。若能做到，表示台灣女足有世界地位，未來木蘭聯賽也將處於不同高度，他豪氣地說：「現在是女足『脫離地心引力』、更上層樓的時候了！」

台北孔雀
62
120
81
89
79

第四章・足球俱樂部基層篇

上／二〇二〇年孔雀盃足球賽繼續在迎風球場熱戰，圖為 二〇二〇 高雄不老隊方錦龍。

下／南友足球會在成軍 60 周年重回發源地長榮中學。

上／南友足球會與附中流浪準備在二〇二〇年底舉辦表演賽，扛起陳柏良足球公益信託每年舉辦慈善賽募款的重任。

下／「元帥」林培元身兼飛駝、南友足球會的會長任務。

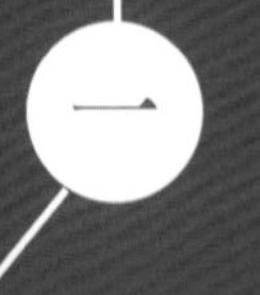

六十歲的孔雀與南友足球會

說到台灣足球最響亮的招牌，當然是台電、大同兩支傳統勁旅。但若不以甲組為限的老球會，當以成軍歷史均已超過一甲子的孔雀、南友最具代表性。其中孔雀足球會現有近兩百名會員，可說是會員管理最成功的老牌球會，也認養維護北市迎風河濱足球場多年，成為民眾假日踢球的重要去處。沉寂多時的南友，則在現任會長林培元的號召下，於二〇二〇年三月十四日舉辦南友足球一甲子年的紀念大聚會，也有多個構想準備付諸行動。

孔雀足球會　迎風球場的守護者

孔雀足球隊創立於一九五九年，創始成員主要是台北愛好踢球的中學生，包括我國在後港腳時代入選首批本土國腳的劉武雄，就是孔雀的創隊發起人之一。隊名的由來，則是因為接受北市博愛路孔雀行童裝公司董事長周赦恩贊助成立了足球隊，從而定名。孔雀於一九六〇年代初期代表北市參加台灣省運動會，曾獲得亞軍。

到了一九七〇年代，由於創隊元老不是服兵役就是出國留學，孔雀在足壇沉寂了好一段時間。隨後則多次重整旗鼓，到一九八〇年代再度活耀，甚至連四年稱霸全國中正盃社乙組。

孔雀雖然一直沒有成為甲組球隊，但成員眾多，不乏曾活躍於甲、乙組球隊的好手。鑑於必須有健全的球會組織才能發展茁壯、穩健運作，遂於一九八九年三月正式成立「孔雀足球會」，並通過組織章程，由大統船務公司董事長林宏吉（已故）出任首任會長。也因為其廣大的海外人脈，孔雀交流的觸角包括菲律賓、香港與廈門等，甚至舉辦兩岸三地亞洲華裔長青盃邀請賽，堪稱台灣招牌最響亮的老爺足球隊。

孔雀足球會能穩健運作，關鍵人物之一是古道熱腸的前國腳黃金益。他謙虛地說，自己對孔雀前三十年的歷史接觸不多，畢竟真正的老孔雀也僅剩三、五人而已。自己進入孔雀後，主要是拉攏台北地區的球員，像是足球隊的養老院一樣，讓大家可以繼續以球會友。

孔雀足球會從二〇一六年開始舉辦孔雀盃足球賽。而會員每年所繳的會費，最主要用在維護與經營迎風足球場，是北市足球愛好者非常重要的基地。來到基隆河七號水門外，除了看到多面球場，也能見到孔雀足球會的貨櫃屋與遮棚。一個個老球友踢完球，在棚下泡茶講古，足壇多少事，都付笑談中。

上右／高雄雷鳥也是孔雀盃的常客，前國腳鄭勇仁（左）在二〇二〇年孔雀盃隨隊客串管理，右為梁保樺。

上中／前國腳黃金益（右）在孔雀、南友足球會都扮演重要角色，圖為他在二〇二〇孔雀盃帶球突破。

上左／孔雀足球會長劉永和（右）在孔雀盃與老球友們閒話家常。

左／二〇二〇年台北孔雀隊參加孔雀盃長青組的陣容。

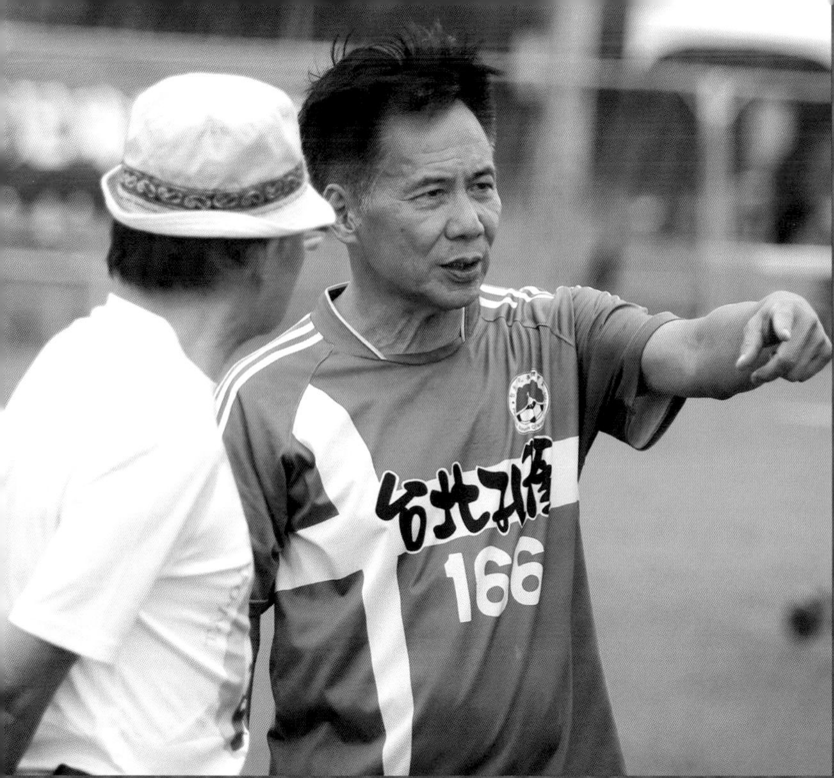
台北孔雀
166

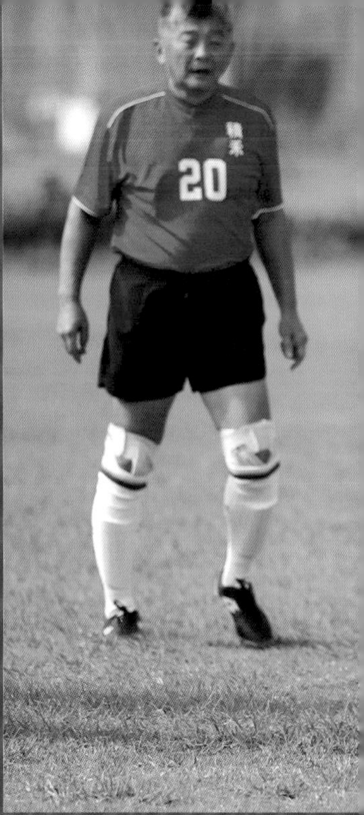
20

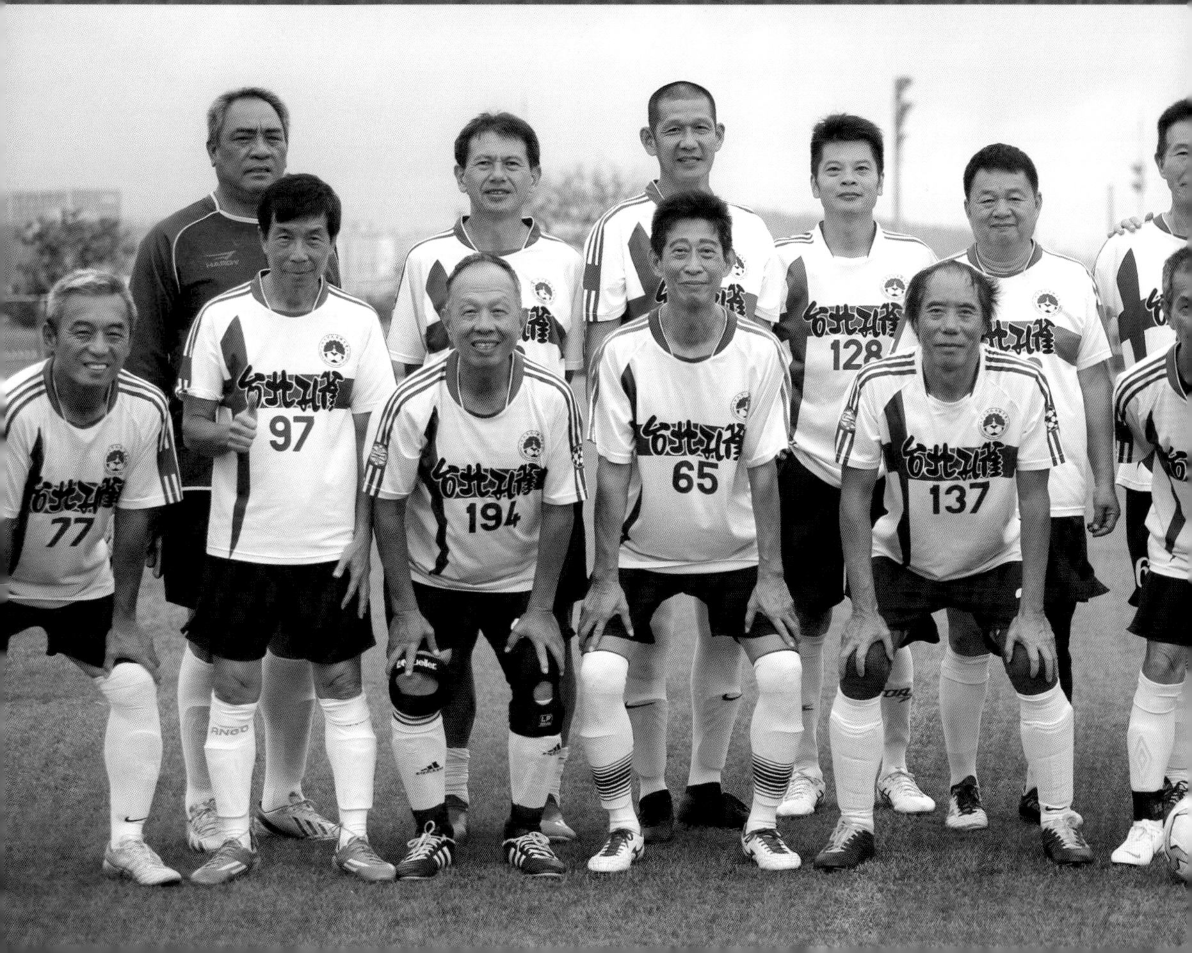
台北孔雀
77
97
194
65
128
137

南友足球隊　省運金牌國手搖籃

孔雀近年雖靠會員制度得以穩健運作，但在台灣的足球隊或球會，若無企業支持或具備大專體校背景，很難上甲組足壇長期競爭，如台電、大同堪稱鳳毛麟角。而在省運會戰功比孔雀更輝煌的南友，也因為欠缺後台未能更上層樓。甚至由於主力好手多成為飛駝創隊成員，致使南友於一九七〇年代後完全銷聲匿跡，直到二〇二〇年排除萬難重新聚首，才有機緣開創新頁。

台南地區的足球運動，在台灣光復後發展尤其蓬勃，主要以教會學校長榮中學為中心，加上地方大學僑生，與中國來台在此工作的足球好手，讓當地的中學生熱中足球運動，於一九六〇年創立了南友足球隊。

當時亞洲航空公司（非一九九三年在馬來西亞成立的亞洲航空）位於台南仁德，主辦翠華盃小型足球賽。南友成軍參賽後年年奪冠，更於一九六一年代表台南縣參加省運會足球賽，勇奪第四名。一九六三年，南友改為代表台南市參加省運會奪金，開啟省運會男足金牌近半落在南市手中的輝煌時代。

隨後，在第三度以南友班底代表台南市參加一九六三年省運會時，便首度榮獲男足金牌，也開啟了台南市在六〇年代稱霸「省運時代」足球的輝煌歷史。那個年代，省運男足金牌近半數落在台南市的腳下，隊史共計斬獲八面省運南足金牌。

南友崛起時，中華隊幾乎清一色為港腳，極少數能入列的兩大本土好手陳泰和、陳光雄，就是南友的成員。一九七一年港腳時代結束，選出本土陣容組成「中華雄風隊」角逐南韓朴正熙盃時，羅仁里、李鴻義等南友成員就占了一半人數。其中陳光雄、羅仁里不僅職司中華隊的中場控球核心，更接棒扛起國家隊隊長榮譽，堪稱最具代表性的兩位南友國腳。

南友隊有幾大特點。第一，球風方面講究團隊的傳球、走位，沒有個人主義。第二，早年實際的南友成員不多，因為入隊管制非常嚴格，曾有每年只能推薦一人入隊的限制。第三，南友好手掛靴後轉任教練的比例很高，陳泰和也曾帶南市於省運奪金，陳光雄、黃武雄、陳榮添帶過青年隊甚至國家隊，張子濱還是中華女足在一九九一年殺入首屆世界盃八強的功勳教頭。

其中，陳榮添退役後至長榮中學帶兵，繼續培養新一代的小南友。而出生於一九五三年的「元帥」林培元，一九七〇年進入長榮中學就讀，就是陳榮添麾下的一員虎將。他畢業後進入師範大學，踢過甲組勁旅飛駝隊，掛靴後也延續南友「踢而優則教」的傳統，先後在師大附中、政治大學教書，讓他與南友、飛駝、附中流浪三支球隊都有淵源。

「南友很特別的是，成員後來走公教路線，尤其是當老師的特別多，經商的大老闆則不多。對比近年重組的附中流浪隊，陣中幾乎都是退休高管人士，南友的運作經費一直是個問題，也是未能登錄打甲組的原因之一。」林培元說。

林培元表示，一九七一年，六和汽車因為第一代老南友洪慶清之故，曾冠名贊助南友好手參加全國賽，還在黃武雄領軍下奪冠，可惜僅贊助一年。一九七三年，國軍聯勤總部成立飛駝足球隊，大舉招兵買馬，林培元與眾多南友好手紛紛加入，幾乎占了飛駝創始班底的大半成員。後來北市銀也成立足球隊，把新一代南友好手網羅過去。「南友人」持續活耀，「南友隊」卻如名存實亡，就此消聲匿跡。

南友重聚　辦比賽也要挑戰孔雀盃

眼看南友創立將滿一甲子，早期成員之一，在北部經商也成為孔雀足球會要角的黃金益，先於二〇一九年三月召集約三十位南友人聚會，展開找回南友人的任務。隔年三月，在蘇明池台北家中舉辦六十週年慶。身兼飛駝足球會會長的林培元，也被推舉為南友足球會的會長。

「剛好我搭高鐵已經有半票優惠，南北奔走揪人省了不少費用。」林培元笑說，南友大聚會要感謝很多人，他負責出錢包車讓南部成員北上，熱心的黃金益負擔住宿，另外還有畢業於南一中的行家旅行社董事長海英倫出資相挺，也特別請他擔任南友足球會顧問。

努力奔走下來，共號召昔日純南友成員四、五十人，南友之友加上長榮畢業共八十人。光是南友紀念球衣，林培元就做了上百件，總算完成了第一步。林培元透露，未來南友老成員會在週末找佳里國小等球隊動一動。五十多歲的壯年組則由鄭金昌組織，找府城、台南長青、不老等老爺隊踢比賽，預計明年北上踢孔雀盃。

至於扎根部分，林培元則計畫未來舉辦南友盃邀請賽，讓台南六支國小校隊能多踢一項比賽。也希望推動長榮國中、長榮高中重組足球隊，重現那段優良傳統。同時讓台南除了北門高中獨霸之外，還可以多一支中學足球校隊。

而凱基銀行董事長魏寶生與陳柏良足球公益信託，每年都例行舉辦的國際高中邀請賽，原本是由附中流浪分成兩隊打表演賽，順便籌募足球基金。聽聞南友重組凝聚，也因為林培元與附中流浪隊的關係，魏寶生有意讓表演賽變成南友與流浪的南北對抗賽，讓南友成員非常興奮。

「結果今年碰上新冠疫情，國際邀請賽確定告吹，南友成員大失所望。」不過林培元轉達南友的惋惜後，魏寶生表示也可以單純只辦南友與流浪的友誼賽。畢竟台灣能有這種六十歲的足球隊，真是太難得也太珍貴了！

二 五十歲的附中流浪足球會

誰說會踢球的孩子不會念書，或者會念書的孩子不會踢球？北市升學名校師大附中，就曾在一九七〇年力壓擁有足球體保生的喬治中學，爆冷贏得北市萬壽盃高男組冠軍與全國賽季軍。

這群熱愛足球的孩子進而組成了「附中流浪足球會」，在二〇一四年回母校重新號召後，更恢復每週踢球的興趣，並義務協助學弟附中青年足球隊。這支堪稱國內「董總級人士」最多的足球隊，也成為凱基銀行董事長魏寶生啟動夢想足球計畫，以球會友的最佳夥伴！

附中流浪足球會中，足球資歷最重磅的隊員，當屬曾在一九七二慕尼黑奧運的男足資格賽，攻入台灣土腳歷來對日本在奧運資格賽首顆進球的趙振桂（此前國腳以香港華僑為主）。

趙振桂是附中實驗二十七班的學生，後來直升高中部，在一九六六年幫助附中贏得自由盃、市長盃雙料冠軍。後來他因為足球興趣，進入省立體專（現台灣體大）念三專，離開了附中體系。一九七六年，趙振桂至第一銀行服務。拜附中時期打下的外文底子，在一九八二年球王「黑珍珠」比利來台訪問時擔任翻譯，也是他足球生涯除了對日本進球之外，另一個珍貴的成就。

萬壽盃足賽　附中水戰首度奪冠

至於附中足球第一個榮耀，則是一九七〇年的萬壽盃足球賽。當時十五歲來台念書的泰國華僑莊友良升上高二擔任隊長，矢志要洗刷附中足球隊前一年參加北市萬壽盃時敗在水戰的弱點，踢出一番好成績。

「高一那年萬壽盃碰上雨季，每場比賽都下雨，我們都輸。高二我下定決心，下雨天照練，練完球全隊去游泳池淋浴間盥洗！」莊友良回憶，當時更體認到無法同一種戰術通吃，演練對弱隊踢四─二─四、對強隊踢四─三─三兩種陣形。結果該屆北市萬壽盃依舊陰雨綿綿，但附中已經不怕水戰，最後打下有好手準備保送北體、師大的喬治中學，勇奪冠軍。後來晉升全國賽，也帶回季軍榮譽。

「附中當時能拿冠軍，可說是『奇蹟』！」冠軍班底中的主將吳國興說：「畢竟在北市的主要對手是喬治中學，附中球員沒有身材、體能優勢，只能用頭腦踢球。」

的確，一支升學學校的校隊要在競技運動奪冠，陣中必須有一些「怪咖」，吳國興就是附中的那一位。他就讀大同國小，從四年級開始踢球，初中改練柔道中斷足球。一九六九年

上／一九八二年趙振桂（左）在巴西球王比利來台時擔任翻譯。

下／一九六六年附中足球隊獲自由盃足賽冠軍，前排左二為趙振桂，後排右一王世源也是亞青

高一時，拿到北市運動會摔角社會組金牌。本來要保送去日本練柔道，但因經費問題未能成行，結果吳國興成了附中的足、排、田徑「三棲動物」，足球還入選亞青盃代表隊集訓，回來成為附中贏得萬壽盃冠軍的主將。

奪得萬壽盃冠軍後，莊友良發現校內對足球有興趣的學生變多了，可是多數都沒有底子。因此他決定成立「附中流浪足球隊」，學生只要交一百元隊費就能加入，享受踢球的樂趣。

「當時在思考球隊的名稱，覺得國外足球俱樂部常見的『流浪』隊名，跟師大附中非常吻合，因為我們的校風一向就是開放，學生會玩也會讀書。」不過在英文隊名上，莊友良選擇了 Trippers 而非 Rangers，希望球隊的宗旨是到處以球會友，有興趣就可以一起踢，以如何鼓舞足球愛好者為目標。

儘管北市另一所升學名校建國中學後來也曾贏得萬壽盃冠軍，吳國興分析建中主要是贏在僑生多。但附中在一九七〇年稱霸北市那次，陣中其實只有泰、港、澳各一位僑生，其中更僅泰僑莊友良是主將。而且該屆有兩個足球隊成員畢業後考上台灣大學，其中之一就是莊友良，證明「愛踢球也能考上台大」。

「雖然我是僑生，但僑生資格僅三年有效，我考大學時已經沒有加分了。」莊友良得意地說，當時高三放學照樣踢球，到天黑才去教室念書到十點回家。踢球還能兼顧學業，也是作為附中流浪成員的一種驕傲。

老成員重聚　迎向創隊五十週年

然而，附中流浪的初代成員畢業後各奔東西。莊友良後來到泰國工作，最初還保持每個月飛回台灣踢球的習慣，最後球隊還是慢慢散了。新的附中學弟要頂上來也不容易，一九八〇年中到一九九〇年，曾在附中任教的前飛駝隊長林培元也坦承，升學主義造成的足球斷層，確實相當嚴重。

直到二〇一四年，附中流浪足球會會長汪其桐與祕書長顏光佑，決定呼喚昔日成員回娘家，並且透過各界的附中校友會，號召喜愛足球的校友一起到流浪隊踢球。就這樣，重新成軍的附中流浪隊，開始固定每週六租用迎風足球場，讓老校友們一起動一動，踢友誼賽。

「我們很多成員都退休了，或者因為做生意往返中國而少了聯繫，因為流浪隊又聚在一起。」顏光佑表示，球隊重組後也在通訊軟體上成立了群組，成員八十人，大約有半數固定會來踢球。住在新竹的汪其桐，則是每週搭高鐵來台北踢球。

最難得的是，在創隊五十年之際，一九七〇年那批萬壽盃冠軍成員，仍有莊友良、黃錦璋、黃瓘傑、吳國興、林澤民、林身仁、許國森等七人在目前的流浪隊陣中，傳承起附中流浪的榮譽與精神。二〇一五年起，流浪隊也開始每週六上午贊助租用場地的費用，讓附中青年足球隊進行訓練，回饋母校，也培育新一代的足球苗子。

至於就讀民生國小時，也拿過北市學童盃與全國鑽石盃季軍的魏寶生，念附中時期則是參加田徑隊。他笑著說：「我是因為顏光佑的邀請才知道流浪隊。看到這些成員現在還踢得很好，令我感到驚訝並備受鼓舞，當然我也保持得還不錯啦。」

魏寶生說，多運動有益健康，而參加流浪隊另一個有意思和迷人之處，就是每個成員都有當年的足球故事。所以不論是在球場上，或者是踢球後的吃飯喝酒，都很有趣。「唯一擔心的就是怕有人受傷。因此我介紹了好友，郵政醫院院長、骨科名醫陳健煜給球友們，以防萬一。可能也是金融業做久了，比較有風險和未雨綢繆的觀念吧！」魏寶生笑著說。

師大附中參加五十九年度台北萬壽杯足球錦標賽榮獲冠軍暨全國總決賽季軍紀念
五十九年十二月七日

右上／一九七〇年附中足球隊獲北市萬壽盃冠軍與全國總決賽季軍。

右下／附中流浪隊從二〇一八年開始參與BE HEROES高中足球邀請賽的慈善賽，圖為二〇一九年魏寶生在慈善賽的PK大戰中，對決客串門將的前籃球國手張憲銘。

上／附中流浪隊於二〇一四年重新號召，每周六練球並進行比賽，圖為二〇一九年流浪與飛駝OB踢友誼賽時合照。

三 飛馳與上班族聯賽

說到雙北地區歷史最悠久的足球聯賽，當屬一九八八年由飛馳公司老闆龔元高所創辦的「上班族聯賽」，至二〇二〇年已進入第三十三屆。初期上班族聯賽的隊伍幾乎全由甲組和國家代表隊的退役球員組成，也是最早能提供在台外國人享受踢球樂趣的舞台。二〇一九年開始放寬讓U層級青年球隊磨練，成效更為多元。

「成立上班族聯賽，最開始的初衷就是認為台灣要發展足球運動，要使甲組球員或退役國腳可以維持足球生涯，對足球保持興趣，想法很簡單。剛好我自己也愛踢，如此一來，可以維持踢球的習慣。」龔元高說。

歷久不衰的上班族聯賽

從一九八八年開始，採取跨年賽季的上班族聯賽問世了，首屆共有野獸、陽明、鳳慶空運、華岡、布聯、民生、建老、商友等八隊參賽，由以歐洲外國人為主的野獸奪冠。隔年以龔元高公司為名的台北飛馳也加入戰局。上班族聯賽維持每季最少六隊，最多達十三隊的規模，以每年十月至隔年七月為主要賽季，進行了三十三個年頭。

上班族聯賽的特色除了退役國腳眾多、比賽有強度，外國人球隊也是一大特點。除了首屆冠軍野獸，以南美外國人為主的紅獅也是常客。當然，外國人踢球風格較粗獷，跟本土球隊常常踢到要打架，的確常令龔元高頭痛，但他還是堅持保留這樣的傳統，讓這些老外球隊報名參賽。

「很多本土球隊反應說不要讓老外球隊踢。但很多老外跟我說，來台灣還能踢到足球真好，這種比賽在他們國家都沒有，很享受上班族聯賽。」龔元高笑說，上班族聯賽能有國際比賽的味道，在早年可說獨樹一格。他花了很多力氣去溝通，希望取得平衡點以維持這項特色，「近年也有日本人組隊參加上班族，他們踢球很有禮貌，就沒有這種困擾了。」

上班族聯賽能夠歷久不衰，一大關鍵是賽事和飛馳隊都由龔元高獨資運作。一般球會採會員制，要收會費穩定運作，得有人號召並有效管理，因此參賽隊伍常常卡在經費問題，來來去去，聯賽仍能永續經營。

匯聚退役國腳　海外參賽踢進四強

至於龔元高直營的飛馳隊，除了匯集國內一流的退役國腳，也肩負著「出國比賽」的任

上／二〇一八～一九年上班族聯賽冠軍隊飛馳。

右／前台電好手黃文成（右二）、前大同隊長吳俊益（右一）代表飛馳隊參加二〇一九年壯年世界盃。

下右／二〇一九年德國女裁判葛凱玲參與上班族聯賽執法工作。

下左／二〇一九～二〇年奪冠的陳信安足球學校，繼續角逐第三十三屆上班族足球聯賽，磨練實戰經驗。

左上／上班族聯賽創辦人、飛馳公司董事長龔元高（7號）每年帶領飛馳隊角逐壯年世界盃。

左下／飛馳參加壯年世界盃的球員幾乎都是前中華男足國腳，圖為二〇一九年的陣容。

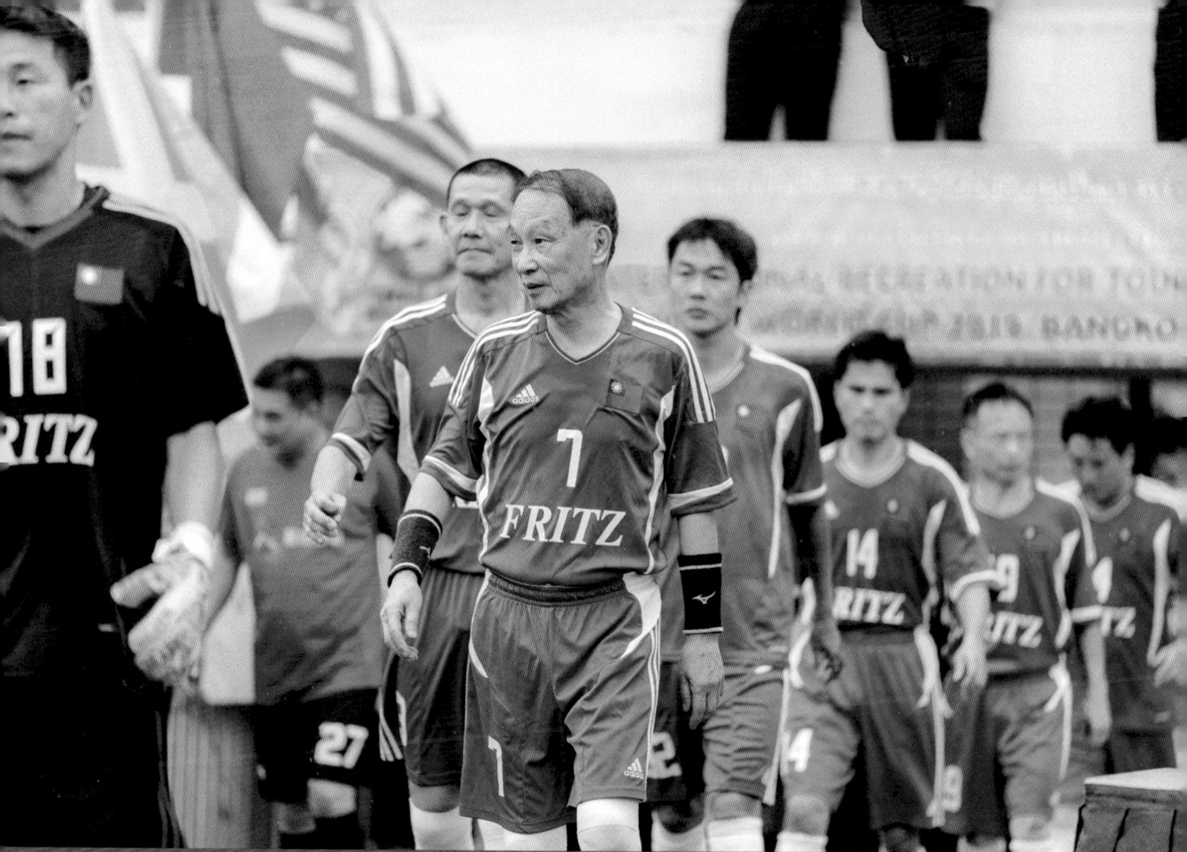
18
7
FRITZ
14
FRITZ
27

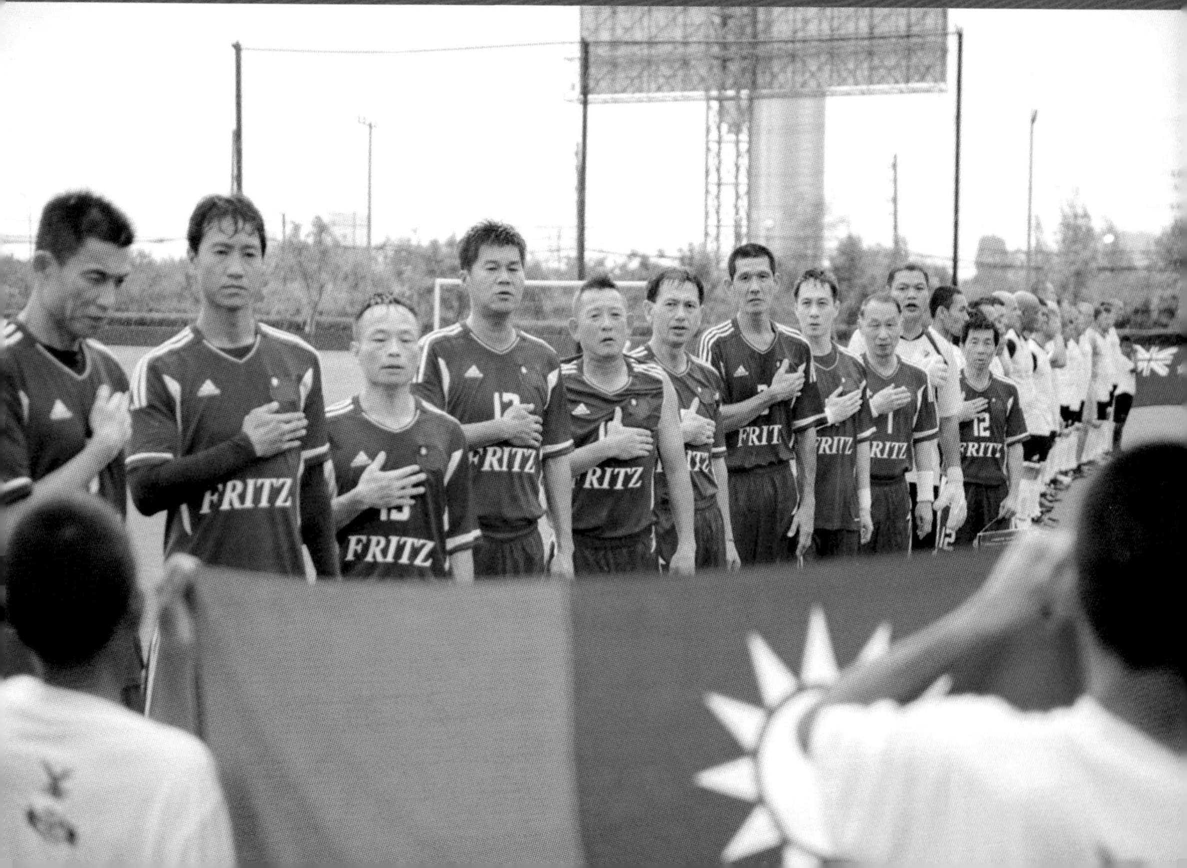
FRITZ
FRITZ
FRITZ
RITZ
FRITZ

務。一九九四年，龔元高首次帶著飛馳的老國腳們去澳洲布里斯本，參加四年一度的「世界壯年運動會」（World Master Game），並在二〇〇二、二〇〇五年兩度奪冠，二〇〇五年起，開始參加泰國每年舉辦的壯年世界盃足球賽。

「壯年世界盃設有三十八歲的參賽年齡下限，近年固定在每年六月的第一個週日舉辦，也是上班族聯賽的休季。」龔元高說：「之所以改去那邊踢，是因參賽球員幾乎是各國退役的菁英國腳，踢起來更過癮！但難度自然也更高，打入前四已是我們的最佳成績了。」

飛馳隊是龔元高領軍出征泰國的主體，不過南部的退役國腳無法參加上班族聯賽，飛馳就「徵召」合適的好手同行。以二〇一九年的陣容為例，包括台電教頭陳貴人、前台電好手鄭勇仁、涂居賢，與任教於台中惠文高中的前中華男足門將葉獻中，都在徵召之列。

參加壯年世界盃不受奧會模式限制，前國腳們可以穿著胸口有青天白日滿地紅國旗的球衣上場，賽前高唱中華民國國歌。陳貴人說：「感動到眼淚都要滾落了！」可惜二〇二〇年因為新冠疫情，壯年世界盃被迫停辦，讓球員失去又一次感動的時刻。

每年全隊出征泰國的機票、球衣裝備與當地住宿的花費，開銷大約新台幣三百萬，都由龔元高自掏腰包。加上辦上班族聯賽的成本，每年三、四百萬花下來，經營上班族聯賽與飛馳隊也砸了上億元，龔元高依然甘之如飴。

「最主要的是，一如我說舉辦上班族聯賽的初衷，就是要讓這些退役國腳維持與足球的關係，的確達到了效果。」龔元高分析，能踢上班族聯賽的前國腳，幾乎都是北台灣重要球隊的教練，來踢球甚至有聯誼效果，讓大家不會跟足球脫節。

此外，飛馳隊的任務也很靈活。現在每週三晚上固定於北市迎風球場踢友誼賽，可以跟大台北地區的學校球隊切磋，藉其經驗提升國內年輕球員的能力。尤其龔元高被譽為台灣的「女足教父」，飛馳隊可能是中華女足除了出國移訓之外，在國內能找到最合適練兵的「靶子隊」。而中華足協現任理事長邱義仁，三年來固定參加飛馳每週三晚上的球敘，來踢球的基層教練若有球隊運作的問題，剛好可以反應，成了另類的「理事長時間」，讓邱義仁能了解基層心聲。

龔元高指出，創立上班族聯賽的初衷達成之後，未來更希望協助往下扎根。過去他們曾讓三重高中組隊參賽，二〇一九～二〇二〇賽季則有陳信安足球學校的U16梯隊入列，而且一來就奪得冠軍。

「原本國內青少年足球賽事太少，需要更多比賽的舞台。」龔元高說，雖然今年足協開始舉辦青年聯賽，陳信安足球學校仍報名了新一季的上班族聯賽，未來如果賽程上有些衝突，上班族聯賽也能給予彈性配合。就是希望這個北台灣牌子最老的足球聯賽可以歷久彌新，發揮更多元的效益。

花蓮高中
花蓮高中
21

第五章・草根足球

一　昔日著名的全國性足賽

鑽石盃季軍　埋下魏寶生的足球夢

草根足球著重的是廣度，即使不是每個基層球隊、賽事都能造就出未來的國手，卻一定會培養出足球愛好者。發想本書的凱基銀行董事長魏寶生，原本從來不會被歸類為足壇人士，卻在事業有成之後，於二〇一七年發起「夢想足球」計畫。正是因為他在就讀民生國小六年級時，於恩師江清順的組織、帶領下，參與北市學童盃及全國鑽石盃足賽都拿下了第三名，讓他成為一輩子的足球迷。

「我小時候很好動，當時又是班長，導師江老師對我印象深刻，成立足球隊當然沒有缺席！」魏寶生說：「參加足球隊之後，因為新奇加上樂趣，真的讓我愛上了足球。」

由於本書的撰寫，魏寶生以及同屬足球隊的國小同學、現威瑞財富管理顧問股份有限公司董事長陳慶榮，在睽違五十年後再度與恩師江清順相見歡，也回憶起那個充滿汗水、雨水和淚水的春天。

那是一九七〇年的三月，才成軍數月的北市民生國小足球隊，竟然在江清順的帶領下，先拿到台北市第三屆學童足球錦標賽季軍，僅遜於日新、大同兩支北市足球傳統勁旅，取得角逐全國鑽石盃的資格。最後也在全國賽獲得季軍，跌破了眾人的眼鏡。

「一九六九年八月，退伍後的我到民生國小報到，九月開學。校長是日新出身，覺得北市足球隊太少，看我年輕又有興趣，就讓我選拔和訓練足球隊。」江清順笑著說：「沒想到這支倉促成軍的隊伍竟然拿到全國賽第三名。當時真的操得很凶，球員很辛苦，不過我也很累，還要犧牲休假帶他們訓練。」

江清順表示，自己初中開始就喜歡足球，不過當時就讀的新竹中學只有軟網隊，他和同學只能自己玩票踢球當興趣。後來就讀師專，也進入台北市足球裁判教練隊。適逢服務的民生國小，包括校長與家長會長都有興趣成立足球隊，而接下了這項任務。

民生國小當時每年級五班，江清順選拔以六年級為主，鎖定小腿長、折返跑反應快的學生。不像其他有傳統的學校從三年級開始選才，江清順只能為這批沒有足球底子的球員「加強訓練」。每天早自習、放學練球，除了技術，也得練體能，包括跑樓梯、單腳跳樓梯等。「我們學校跑道兩百公尺不到，不過足球隊每天跑一、二十圈是家常便飯。」魏寶生笑著說。

資源不佳的年代　踢球不易

雖說是倉促成立的雜牌軍，民生國小足球隊當時也有王牌球員，就是從足球傳統名校台南佳里國小轉來的中鋒陳逸勳，不論力量或盤球能力都有超齡水準，以隊長之姿帶起全隊。江清順也拜託當時在國賓飯店擔任經理的方德齡，於工作之餘擔任義務教練，提供專業技術面的指導。

陳慶榮回憶，當時方德齡常開著他的金龜車，載球員到處比賽，「一台車最多塞七個人。」那個年代要踢球，另一個不容易的地方，是當時國內的製球水準也還不夠。平常用塑膠球訓練，而一顆標準的比賽用球要價超過五百元，皮革材料還會吸水，雨中比賽球愈踢愈重。陳慶榮笑說：「球打到泥巴反彈起來，噴了滿臉，什麼也看不到了……」

魏寶生表示，當時江清順除了為他奠定對足球的興趣，更打下了紮實基礎。現在與陳柏良等國腳切磋，還被稱讚基本動作不錯。「我的位置是左輔（左翼），當時江教練替我特訓，從右邊傳過來的球，要我用右腳內外側都可以直接射門，基本動作到現在還很管用。」

就這樣，民生國小足球隊在民國五十八學年度的下學期出征北市學童盃，當時對手還有日新、大同、木柵及三興，一舉拿下第三名。回想起來，江清順還很扼腕，如果不是對大同之戰運氣不好，〇比〇踢到終場前三分鐘，對手左翼吊中被大風吹進門內，名次說不定還會

上右／一九七〇年魏寶生（右）參加北市學童盃足賽的照片，還上了報紙。

上左／從台南佳里國小轉來的中鋒陳逸勳，是一九七〇年民生國小足球隊拿下全國鑽石盃季軍的主將。

下／二〇二〇年魏寶生（左）、陳慶榮（右）與民生國小足球隊恩師江清順相見歡。

更好。不過仍得以進軍全國賽並再奪季軍，已是超乎預期的成績了。

然而，民生國小足球隊只有那次驚鴻一瞥，那批季軍班底上初中後沒人繼續踢球，下屆校長與家長會興趣缺缺，隔年起不再組訓足球隊。江清順直到一九九〇年退休，期間還拿過台北市的足球賽冠軍，卻是教職員盃，而不是培育更多苗子一窺足球的美好了。

「基層的足球風氣後來沒能延續，原因很多。以學校來說，訓練足球隊必須付出很長的時間，除了學校支持，教練也要有熱忱。而且足球除了技術還要有體能，光是學校內一個老師不夠，還要有專任教練才行。」

從時空背景來看，一九七一年台、港達成協議，不再選拔香港公民代表中華民國參加國際足賽。「港腳時代」中止，影響我男足國際賽成績，江清順認為可能也有關係。畢竟一九七〇年代，我國少棒崛起，棒球成為我國揚威國際的重要運動，成績不佳的足球相對邊緣化，風氣也大受影響。

儘管如此，魏寶生仍舊感謝恩師帶給他的美好童年，以及在他心中種下的足球種子。而恩師們當年未竟全功的足球工程，現在轉由魏寶生接下了傳承火炬，發起夢想足球計畫。

「我就是因為江老師、方教練的關係，才會對足球產生興趣。」魏寶生說：「但成長過程中，覺得台灣足球似乎停滯不前已久，才希望盡一點心力，培養一些足球好手去國外發展，未來像王建民那樣揚名國際。」

二十世紀台灣基層重要足賽

●省運會

一九四九年第四屆省運開始設足球賽，共打了二十五屆，以高雄市八度奪冠最多。

●中正盃（介壽盃、萬壽盃）

一九六五年（民國五十四年）創辦全國「介壽盃」足球錦標賽，隔年改名為萬壽盃，一九七五年（民國六十四年）改名為中正盃，以紀念前總統蔣中正，直到一九九二年停辦，為台灣早年最具規模的全國性盃賽。

社男組以飛駝十一次奪冠為最，包括一九八一至八六年的六連霸，社女組以台中宜寧中學的六度封后、三連后最多。競爭激烈的高男組，以台南縣北門高中六度奪冠最多，但著名的升學學校建國中學、師大附中，也拿過這項比賽的冠軍，建中甚至也締造過高男三連霸紀錄。

上／一九七三年末代省運會足球賽由高市奪金，成員以雷鳥隊為主，包括國腳尤政工（前排左三）、王東文（前排左四）、施國華（前排右二）、陳忠順（前排右四，後改名陳宥豪）、翁俊哲（後排左一）、戴富斌（後排右三）、周正忠（後排右五），與雷鳥隊創始會員，也踢過附中流浪、台北孔雀的李永輝（後排左三）。

下／二〇一三年以惠文高中文主體的台中市隊，在決賽 PK 戰氣走台北市，贏得隊史首座全運男足金牌。

●**台灣區運動會**

一九七三年省運會落幕，隔年起改制為台灣區運動會，一直辦到一九九七年「凍省」為止，改由全國運動會取代。區運會期間，男子足球比賽以台北市七次奪冠最多，高雄縣、台南市各五次居次。

區運到一九七九年才開始設置女足比賽，由宜寧中學化身的台中市七次封后最多，其次為銘傳商專化身的台北市四度封后。惟區運會規定每個比賽項目至少要有八個縣市參賽，女足比賽常因隊數不足而未舉辦。

●**足協盃**

一九七四年開辦足協盃，成為專屬國內社會球隊的盃賽。隔年增設女子組，一九七八年起陸續增辦社男乙組、社女乙組。

足協盃曾於一九九二～一九九五年停辦，至一九九七年為止，以北銀八度稱王最多，超越了飛駝七次奪冠的舊紀錄。社女甲組部分，則以宜寧、銘傳各五度封后最佳。

●**青年盃與李惠堂盃**

一九七四年創辦全國青年盃，後來為了紀念一代球王李惠堂過世，一九七八年起由「李惠堂盃」取代，成為國內重要的分齡足球賽。包括一九七五年創辦的全國學童盃，後來也被併入了李惠堂盃。

由於各項分齡賽集中在李惠堂盃中，顯得有些混亂，一九九二年起分成全國青年盃、青少年盃與少年盃三級分齡賽事，獨立舉辦，李惠堂盃則於一九九三年走入歷史。

二 現行基層足球賽制

台灣的足球運動，自一九四二年就正式列入體育課程授課內容之一，足見政府對足球發展的想法始於非常早期。隨後，一九六六年更進一步訂定「公私立中等學校體育成績優良學生保送升學辦法」，讓愛好運動的學生獲得極大的激勵。一連串的作為，不僅僅是為了推廣全民運動的風氣，更在隨後成為尋找菁英選手，繼而為國爭光的重要發展。

更重視足球發展　舉辦各級賽事

要透過學校教育選材，舉辦比賽是必須手段。台灣早年的基層足球賽事，都由中華民國足球協會舉辦。一九七四年改制後，先打造專為社會人士舉辦的足協盃賽事，以及以青年球員為主的青年盃賽事。其中，青年盃包括國中與高中球員，再於一九七五年舉辦學童盃賽事。

一九七八年，為了紀念一代球王李惠堂病逝，將青年盃賽事改名為「李惠堂盃」，而學童盃賽事也在舉辦八年後，併入「李惠堂盃」。直到一九九〇年代，因應賽事改制的呼

右上／二〇二〇年少年盃在台中朝馬足球場進行。

右下／二〇二〇年學童盃北區預賽最終在新莊體育場順利完成。

左／第一屆國小世界盃男子組由北市士東國小與中市清水國小爭冠。

下／第一屆國小世界盃女子組由南投縣水里國小奪冠，陣中好手彭稚涵（上）進攻氣勢驚人。

聲，才決定於一九九二年停辦「李惠堂盃」，改為各層級舉辦賽事，分別是全國少年、青少年與青年足球賽。而足協也在一九九一年恢復舉辦學童盃賽事。

近年來，除了中華足協舉辦的各級賽事以外，政府重視足球發展，也將舉辦賽事的層級連成一線，包括針對六到九歲小朋友的「迷你足球賽」、小學生的「國民小學世界盃」，國、高中生的「中等學校足球聯賽」，以及大專生參與的「大專足球聯賽」。其中國小世界盃是二〇二〇年首度舉辦，也讓政府在台灣基層足球賽事的規畫更為完整。

以下針對教育部體育署所舉行的各級基層賽事現況進行簡述，另外再兼談中華足協二〇二〇年為了聯賽正常化與俱樂部認證制度，所進行的基層賽事改革。

●國小足球賽制

目前台灣兒童足球發展興盛。官方主辦的賽事，主要是中華民國足球協會舉辦的少年盃與學童盃。二〇一九年，再由教育部體育署規畫舉辦「國小世界盃」，成為政府推動國小足球的重要里程碑，更可看得出兒童足球在台灣發展的強大動能，吸引到政府密切關注。

過去中華足協舉辦少年盃與學童盃賽事，都是採取分區制度，並分成公開組與學校組，球員不可同時參加兩個組別的賽事，年齡區分為U10、U11與U12組。但二〇一九年開始改變，學童盃維持原本分成北、中、南、東的舉辦方式，少年盃則不分區，所有報名球隊混合抽籤。足協祕書長方靖仁強調，一方面可以避免分區強弱分明的情況，還可促進不同區域的比賽交流，獲得基層教練的肯定。

方靖仁強調，未來兒童足球的部分，還是會以U10以上的球員為主。因為國小三年級以下的小朋友該以興趣為主，而不是以冠軍為目標，足協作為官方的推動立場，希望競技面向的賽事能從U10以上的學童為主。此外，足協未來將輔導盃賽逐漸往聯賽方向前進，期許未來各縣市都能舉辦學童聯賽，再由協會舉辦總決賽，增加學童透過比賽更認識足球的機會。

由教育部體育署舉辦的國小世界盃賽事，為五人制賽事，是從一〇八學年度開始。全國共有四三一隊報名參加，其中男生組三一四隊、女生組一一七隊。從各縣市預賽開始進行，並選出代表二十二縣市的球隊，分別是男子隊四十支與女子隊三十二支，再於台北市立田徑場舉行全國總決賽，先透過分組賽選出前十六強，再進行單淘汰制度。具歷史意義的第一屆國小世界盃冠軍，男子組由台中市清水國小奪冠，女子組則由南投水里國小稱后。

●現行中學賽制

現行中學足球聯賽共分為高中男子組、高中女子組、國中男子組與國中女子組。近年來賽制不斷進行更改，希望高中球隊有機會參與更多比賽，並搭配「教育部體育署足球六年計畫」，高中球隊參賽就獲得補助四十萬元，若能踢進決賽，則可獲得合計八十萬元補助。國中球隊參賽則可獲得二十萬元，踢進決賽則有五十萬元補助。期待藉由補助，讓國、高中球隊更有參賽誘因。

上／台灣體院在大專足球聯賽開辦後連奪四屆男一級冠軍，圖為二〇〇七年全隊奪冠後合照。

下／北市大（含前身台北體院）在最近十年八度稱霸大專足球聯賽男一級，圖為二〇一七年由時任中華足協副理事長劉福財頒發冠軍獎盃。

左上／二〇一八年輔仁大學徐宏銍在男一級冠軍戰攻入致勝球，還做出吸吮奶嘴的動作感謝即將當媽媽的恩師、前女足國腳廖櫻灣。

左下／二〇二〇年台灣體大靠日本好手田中麻帆射進致勝自由球，贏得女一級冠軍。

高中聯賽現行賽制，男子組分為A、B兩組，A組為上個學年度的前十二名球隊，B組則是其他參賽學校。一〇八學年度A組十一隊參賽，B組則有時三隊參賽，合計有歷年最多的二十四隊參賽。預賽A組共分為兩組，各組前四名晉級，餘下五、六名則與B組分組前四名球隊進行單循環外卡賽，前兩名晉級，合計十二隊晉級複賽。複賽分為兩組，分組前兩名晉級前四名全國決賽，分組三、四名則晉級五至八名全國決賽。而全國決賽採分組淘汰制，一〇八學年度奪冠的球隊是北門高中，也是隊史第五座冠軍，高中聯賽史上最多。

高中女子組一〇八學年度則有八隊報名參賽，採兩階段單循環賽，取前四名晉級前四名全國決賽，也採分組淘汰制，一〇八學年度由花蓮體中奪冠，同時是隊史第六座冠軍，高中聯賽史上最多。

國中聯賽現行賽制，男子組分為A、B兩組，A組為上個學年度的前十六名球隊，B組則是其他參賽學校。而B組分為南、北兩區，一〇八學年度A組十五隊參賽，B組則有北區十八隊、南區十六隊參賽，合計四十九隊參賽。預賽A組共分為兩組，各組前四名晉級，餘下五至八名則與B組分組前四名球隊進行單循環外卡賽，前兩名晉級，合計十六隊晉級複賽。複賽分為兩組，分組前兩名晉級前四名全國決賽，分組三、四名則晉級五至八名全國決賽。而全國決賽採分組淘汰制，一〇八學年度奪冠的是豐田國中，也是隊史第一冠。

國中女子組賽制與高中女子組相同，一〇八學年度共有十隊參賽，預賽前八名晉級複賽，取前四名晉級前四名全國決賽，也採分組淘汰制。一〇八學年度由醒吾高中奪冠，完成四連霸，也是隊史第五座冠軍。

●現行大專賽制

大專足球聯賽在一九七六年就已經開辦，初期命名為大專盃足球賽，為大專運動會的比賽項目之一。二〇〇六年進行改制，才成為現今的大專足球聯賽，並從原本的盃賽性質，成為現在的聯賽性質。賽制多有更迭，從過去男甲、乙組與五專組，以及女甲組，九十四學年度起改為男子公開一級、公開二級與一般組，以及女子公開一級。一〇六學年度與一〇八學年度則新增男子公開一級挑戰組，希望將實力落差減小，讓比賽更有競爭力。

一〇八學年度男子組公開一級，與公開一級挑戰組限定八隊參賽。公開二級則限定十六隊參賽。一般組則開放報名，共有二十五隊報名。各級別皆有升降制度，各級別後兩名皆降級，而公開一級挑戰組、公開二級與一般組的前兩名，下個學年度將升級到上一個層級。女子組公開一級則是四隊參賽。一〇八學年度合計六十一支隊伍參與大專足球聯賽。

一〇八學年度打下男子組公開一級冠軍的是台北市立大學，也是近十年來，連同前身台北體院所拿下的第八座冠軍。二級冠軍則是樹德科大，一般組則是政治大學，女子組公開一級冠軍為台灣體大，也是睽違兩屆再度踢下冠軍。

上／二〇二〇年高中足球聯賽（HFL）高女組，花蓮體中在 PK 戰氣走醒吾高中，全隊潑水慶祝封后。

下／二〇一九年高中足球聯賽高男組，花蓮高中贏得隊史首座全國冠軍，球員興奮地將教練拋在空中。

上／首屆青年聯賽 U18 男子組由宜蘭高中拿下冠軍。

下／陳信安足球學校（ACA）為國內梯隊最完整之青訓俱樂部，其U15 代表隊為企甲銘傳大學之梯隊，前鋒黃偉傑（右）更以十六歲之齡參加 U18 青年聯賽與乙組聯賽，圖為黃偉傑在乙組聯賽與桃園國際隊交手。

中華足協的改革與推動

中華民國足球協會積極推動聯賽正常化，包括男子企甲聯賽與女子木蘭聯賽，更進一步鼓勵參賽球隊能完成俱樂部認證，其中一個重要象徵，就是青年梯隊的建立。為了讓各隊成立的青年梯隊有比賽舞台，足協特地於今年開辦台灣青年足球聯賽，分為男、女子組U15、U18組。首屆開踢，共有U15女子組三隊、U15男子組八隊，以及U18男子組六隊。

足協原本就有舉辦青少年盃與青年盃，如今開辦青年聯賽，主要就是希望梯隊球員有更多比賽能夠參與，進一步增加比賽經驗，甚至累積更多實力，未來跟企甲球隊能直接連結。足協祕書長方靖仁強調，推動頂級聯賽球隊打造梯隊以獲得俱樂部認證，採漸進式推動。從成立梯隊參加兩個盃賽，到聯賽開踢後，必須要參加一個盃賽與一個聯賽，再到最終要求必須參加兩個聯賽，希望賽事都能聯賽化。

舉例來說，企甲球隊若要於明年取得俱樂部認證，梯隊至少要參加目前足協舉辦的青年盃與青少年盃，但要取得後年認證，明年就至少要參加兩組青年聯賽的其中一組，搭配青年盃或青少年盃。要取得大後年的認證，後年就必須參加U15、U18聯賽，方靖仁表示，要成立梯隊，對球隊是一筆開銷，足協以漸進式改進，希望頂級聯賽各隊都能透過改革，逐步成立梯隊，對未來球隊實力的累積，一定更有幫助。

三 民間少年足球蓬勃發展

YAMAHA CUP　見證台灣兒童足球蓬勃發展

「YAMAHA CUP 快樂踢球趣」從二〇一〇年第一屆只有三十二隊參加，到如今需要設定參賽隊數上限，以維持賽事水準。一路走來的十一屆賽事，堪稱見證了台灣兒童足球的蓬勃發展。回顧過往，台灣山葉機車副總經理高晴珀強調，本著初衷，就是希望培養更多台灣的足球基層人才。「感謝與前進」，台灣山葉機車未來會繼續努力，讓小朋友能快樂踢球。

台灣山葉機車上個世紀八〇年代進軍台灣，一開始用心研發產品，提供最高品質的機車給寶島民眾。隨著時間演進，台灣山葉期盼不只從經濟面與技術面，而是承擔更多企業社會責任，來為台灣社會盡一份心力。既然是交通工具製造商，就成立「財團法人山葉機車安全駕駛文教基金會」，邀請學者專家研究交通法規等，探討如何降低肇事率、鼓勵民眾遵守交通法規。

YAMAHA CUP 歷年回顧

- 從2009年第一屆的YAMAHA CUP預賽開始起跑，從五人制足球賽開始到現在發展成三百隊規模的八人制全國指標性大型足球賽。

屆數	1	2	3	4	5	6	7	8	9	10	11
隊數	32	32	48	104	130	171	279	313	320	321	200

右上／於二〇一〇年舉辦迄今的「YAMAHA CUP 快樂踢球趣」，已成為國小年度重要盃賽之一，圖為二〇一八年第九屆 YAMAHA CUP 全國賽大合照。

右下／YAMAHA CUP 參賽隊數逐年折線圖。

下／YAMAHA CUP 校園巡迴成果圖。

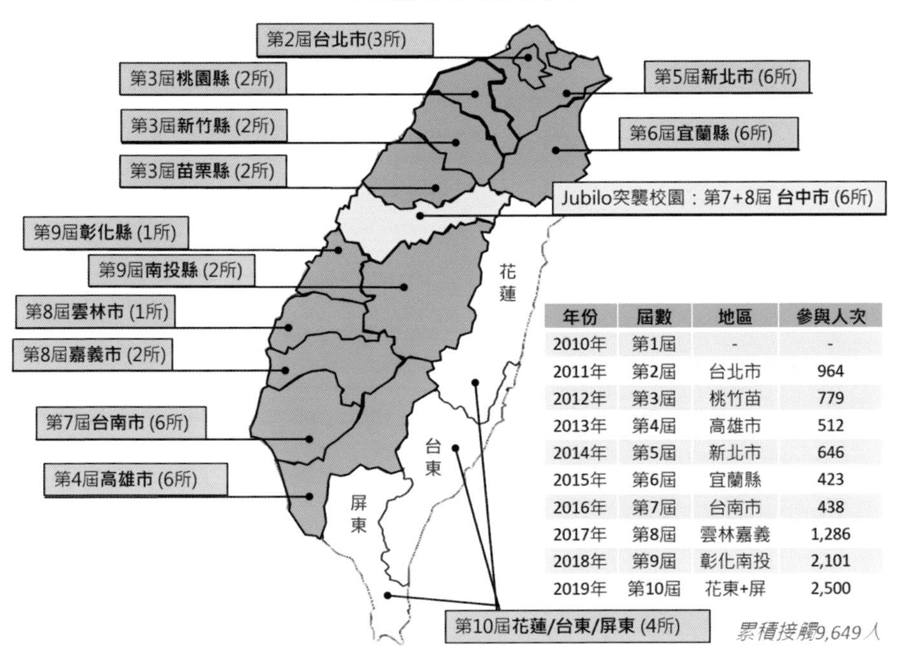

年份	屆數	地區	參與人次
2010年	第1屆	-	-
2011年	第2屆	台北市	964
2012年	第3屆	桃竹苗	779
2013年	第4屆	高雄市	512
2014年	第5屆	新北市	646
2015年	第6屆	宜蘭縣	423
2016年	第7屆	台南市	438
2017年	第8屆	雲林嘉義	1,286
2018年	第9屆	彰化南投	2,101
2019年	第10屆	花東+屏	2,500

針對交通的研究與討論，獲得政府的認同，也為台灣交通發展做出貢獻，「當時就想著，我們還有什麼可以做，更具體去思考，就想到過去台灣木蘭女足隊很厲害，YAMAHA自己也有足球隊，磐田喜悅隊在日本J聯盟的表現也很不錯，是不是可以從培養小朋友的興趣開始做起。」高晴珀回想，東南亞各國非常熱愛足球，當地工廠員工的小朋友很愛踢球，來到台灣的外籍移工也是，這給了台灣山葉機車一個推動足球的起點。

開辦之初　篳路藍縷

「YAMAHA CUP快樂踢球趣」於二〇一〇年開辦，當時舉辦兒童足球賽事的風氣並不普及，台灣山葉機車一開始採取簡單的邀請賽模式，讓有在學習足球的小朋友透過賽事平台進行切磋。還透過台灣山葉的體系，從上下游廠商到經銷商去溝通觀念，說明舉辦兒童足球賽是為了企業社會責任，鼓勵所有人多參與。

隔年除了舉辦比賽，還舉辦校園巡迴活動，從台北市開始，逐漸向全台各地延伸。然而，踏出推廣腳步後才發現，台灣有許多偏鄉地區甚至連足球都沒有，也沒有老師和資源去認識足球。台灣山葉機車檢討過後，同時與中華民國足球協會建立關係，透過足協提供專業教練，由專業教練組成校園列車駛進偏鄉學校，讓更多人認識足球。

足球校園列車走入偏鄉，提供器材與專業教練的指導，獲得很大迴響。台灣山葉機車得到更大的信心，巡迴的學校不斷增加，參與的學生人數也直線上升，尤其透過已經接觸足球的小朋友帶著自己的同學一起參與，出現不錯效果。校園巡迴參與人數不斷增加，過去十屆累積將近上萬名小朋友參與校園巡迴活動，進一步提升兒童足球的普及。

賽事與校園巡迴雙管齊下，「YAMAHA CUP 快樂踢球趣」的知名度持續提升。從一開始的邀請賽，第四屆開始不限隊數參與，更在第八屆正式突破三百隊參加，不但成為全台灣最具指標的兒童足球賽事，更一舉帶動台灣兒童足球的發展，隨著兒童足球人口的不斷增加，相關賽事如雨後春筍般出現，也讓台灣兒童足球的發展迎向巔峰。

國際交流　開闊視野

「YAMAHA CUP 快樂踢球趣」從開辦之初，眼光就已經看向國際，第一屆就邀請 J 聯盟磐田喜悅隊來台舉辦足球教室。高晴珀說：「要讓小朋友愛上足球，最有說服力就是世界級的明星球員，他們傳遞的足球運動觀念，對孩子們當然會有很巨大的影響。每年邀請 J 聯盟球星來台，讓小朋友對 YAMAHA CUP 開始有無限的期待。」

事實上，台灣山葉機車正是因為看到磐田喜悅隊透過農場培養小球員，也有許多小球員的表現非常出色，就希望能將類似的理念移植到台灣。每年的足球教室邀請磐田喜悅隊育成學校的教練來台，不只是小秀身手，更希望透過國際交流，讓教練與球員看到日本足球發展的成功腳步。

每位來到台灣的磐田喜悅隊教練，都感受到台灣小朋友對於足球的熱愛與活力，也卯足

上／YAMAHA CUP 每年都會邀請磐田喜悅的教練或球員來主持 Jubilo 足球教室，圖為二〇一八年教練松下幸平第二次來台指導，為小球員示範各項動作教學。

下右／YAMAHA CUP 舉辦台日交流，二〇一六年邀請協和國小到靜岡參訪，協和小球員將台中觀光明信片作為贈禮進行外交，期望日本小朋友也能到台灣旅遊。

下左／JUBILO 育成軍內也有女子軍 YUKI，與協和國小對戰氣勢不輸男隊友。

上／YAMAHA CUP 相當注重傳承，多次邀請過去參加過這項賽事的大學長回來指導，圖為前中華男足門將蔡碩哲在第十一屆與小學弟趣味 PK。

下右／YAMAHA CUP 十周年，台灣山葉機車小川真司總經理（中）切蛋糕祝賀，JUBILO 部長球團部長柳原弘味也來台共襄盛舉。

下左／二〇一九年台灣山葉機車高晴珀副總經理（右）從教育部潘文忠部長手中接獲體育推手獎銀質獎與長期贊助獎。

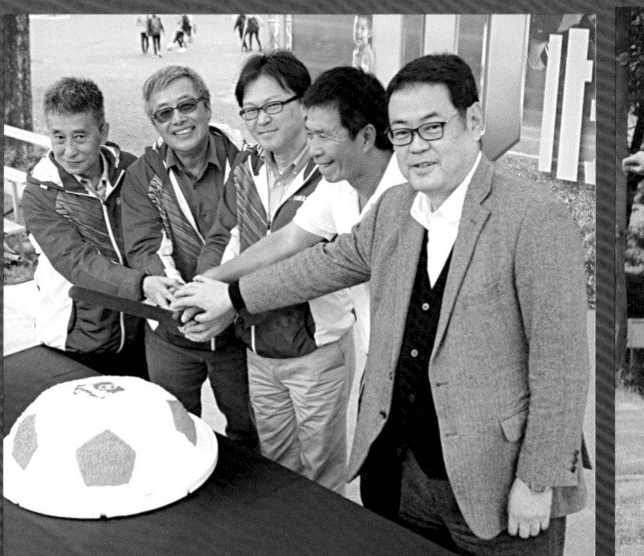

全力，利用短暫的時間，將他們對於足球的了解傳達給孩子們。儘管語言不通，看似有了隔閡，但足球是全世界的共通語言，每年的磐田喜悅足球教室，成為參賽小朋友力拚總決賽資格的一大動力。

更進一步，台灣山葉機車二〇一七年起，還規畫帶領拿下 YAMAHA CUP 冠軍的球隊，前往日本靜岡縣磐田喜悅隊訓練基地，進行難得的台日足球交流，並欣賞一場 J 聯盟賽事。希望透過國際交流，了解日本足球發展的現況，包括訓練、禮節、規則與程序，讓小朋友利用親身參與的機會，學習日本足球發展出色之處，更希望孩子看到職業足球員的風采，進而能見賢思齊，在回到台灣後，能為了成為頂尖球員的目標而繼續努力。

社會責任　獲獎肯定

「為了看見孩子們的純真笑容」，是「YAMAHA CUP 快樂踢球趣」從一開始舉辦以來的初衷。台灣山葉機車投入資源舉辦賽事，規畫校園巡迴列車走遍台灣各地，參與球隊數不斷提升，出色成果獲得教育部體育署肯定。自二〇一三年起，年年獲得體育推手獎肯定，足以證明台灣山葉機車對台灣基層足球發展做出的貢獻。

「我們希望在這個領域裡面把它做到最好，足球基層扎根的部分由我們來做，YAMAHA 的理念就是希望照顧到更多人、希望灑更多的種子出去。」高晴珀說：「這賽事就像自己的小孩一樣，一直茁壯長大。回歸我們最初的理念，就是希望培養基層幼苗，讓他們有舞台去競技。我們期待透過這個賽事平台，能誕生更多國腳、更多對國家社會有貢獻的球員。」

「YAMAHA CUP 快樂踢球趣」十年有成，希望培養更多國腳的理想也逐漸實現。第十屆賽事邀回中華隊門將蔡碩哲與後衛王冠儒，就是最好證明，就如同蔡碩哲當年勉勵小球員的話，「希望小選手們能好好利用 YAMAHA CUP 這個舞台，在球場上累積經驗，認真學習，一起踢到大。」就是 YAMAHA CUP 一路走來的期待與目標。

持續扎根　培育更多優秀人才

「YAMAHA CUP 快樂踢球趣」跨過第一個十年里程碑，展望未來，台灣山葉機車仍將持續投入資源在基層足球發展，不只是競技，更多的是運動員精神與典範；不只是球技，更多的是足球場的禮儀與團隊精神。高晴珀強調，希望參加 YAMAHA CUP 的孩子能學習到更多，讓家長感到欣慰，讓孩子能繼續在足球領域成長茁壯。

台灣山葉機車對 YAMAHA CUP 的用心，還在於企業本身的投入。過去成立志工隊協助賽事舉辦，親身參與企業社會責任。到如今，企業員工的孩子組成足球隊，開始投入足球訓練並參加賽事，展現出台灣山葉機車全公司熱愛足球的氣勢與精神。更是拋磚引玉，希望能有更多企業一同投入參與。

談起「YAMAHA CUP 快樂踢球趣」的未來發展，高晴珀強調永續經營的決心不變，還

左上／克服場地限制的迷你足球在基層蓬勃發展。

左下／迷你足球協會祕書長張武業（左）在二〇一九年邀請前拜仁慕尼黑球星、安聯足球大使 Demichelis 來台推展足球。

下／二〇一一年在台北田徑場舉辦體委盃全國親子體驗賽，讓張武業打開了幼兒足球的領域。

希望將國際交流的觸角伸向更多地方。不只是日本，YAMAHA 在許多東南亞國家也投入資源在兒童足球的發展。也許不久的將來，台灣 YAMAHA CUP 的冠軍隊，有機會跟其他國家的球隊進行切磋交流，讓孩子們能看到不一樣的足球，更勇敢追逐夢想。高晴珀說：「為了看見孩子們的笑容，為了培育更多台灣足球基層選手，需要感謝的人太多，我們會繼續前進。」

安聯小小世界盃　參賽隊數破千

幼兒足球在台灣的發展並非一蹴可及，有許多人的一起努力，以及相關單位，包括政府與贊助商的同心投入，才能有今天的一片欣欣向榮。其中值得一提的人物，就是台北市立大學球類運動系教授張武業，他一方面是大學足球隊教練，目前也是中華民國迷你足球協會祕書長。對他來說，從事競技運動一直是他的目標與專業。但經過多年在大學端努力，他發現發展台灣足球的關鍵，就是一定要從基層扎根開始做起。他的理念與努力獲得許多人認同，更得到家長的支持，由迷你足球協會舉辦的安聯小小世界盃每年能有破千球隊參加，證明了幼兒足球發展的趨勢。

「對於幼兒足球，我們有一套論述提供給家長理解，足球是全身性、協調性，刺激末梢神經發育。此外，足球不只是個人運動，它還是團隊運動。參與足球運動，還能學習到團隊精神，以及與人交際的過程。」談起幼兒足球，張武業明確點出，愈早讓小朋友參與足球運動，對孩子的成長發育有非常大的助益。他就是位老師，也像是個足球傳教士，明確說著足球的好，一路這麼說著，一下就過了十年里程碑。

時間回溯到二〇一〇年，時任體育委員會（現體育署）主委的戴遐齡希望推動小朋友體育發展活動。原本打算舉辦路跑活動，但張武業認為，舉辦幼兒足球對體育發展更有幫助，就撰寫計畫，建議舉辦體委盃小朋友足球賽。之後每一年舉辦體委盃賽事，直到二〇一三年，體委會降格為教育部體育署，才停止辦理。但此時恰好德國金融服務集團安聯人壽找上張武業，舉辦歐洲足球訓練營選拔賽，就由安聯提供資源，讓賽事繼續進行，這就是「安聯小小世界盃」的開始。

參加隊數年年增加

安聯小小世界盃從二〇一四年開始，主要是為了選拔優秀小朋友，前往德國參加足球訓練營。安聯是德國最大的保險公司，也是全球最大的金融服務集團之一，在德國更是德甲頂級強隊拜仁慕尼黑的官方合作夥伴，努力並用心推動足球運動。來到台灣之後，秉持同樣的觀念，投注資源在台灣的足球發展，並提供他們在德國舉辦足球訓練營的名額給台灣球員，這也是安聯小小世界盃的開始。

「第一年舉辦，那年是二〇一四年巴西世界盃，因為台灣人很熟悉世界盃，我們就決定將比賽名稱訂為『安聯小小世界盃』。」張武業回想，當初打造安聯小小世界盃賽事，從第一年的全國兩百餘隊，到二〇一八年正式突破一千隊，吸引台灣各地的小朋友參加賽事。他說：「超過一萬個球隊參與，代表超過七千個家庭參與，各分區賽事都吸引了許多家長一同參與，就開始獲得更多矚目。」

安聯小小世界盃賽事的目標之一，就是要選拔出台灣的足球小將，前往德國等地的國外足球訓練營，對於提升台灣球員的足球視野，有極為重大的意義。除了帶小朋友出國，還邀請頂尖好手來台與小球員相見歡，包括二〇一九年就邀請曾為拜仁慕尼黑奪下四度德甲冠軍的Martin Demichelis，希望藉由頂級球星的知名度，來讓小球員有追隨的目標。安聯人壽秉持關懷青少年身心健康的宗旨，長期關懷足球運動，期待能栽培更多台灣的足球人才。

從U6、U8、U10、U12，再到國中階段的U15，安聯小小世界盃從幼兒園，到國小，再到國中，等同於賽事本身自成體系。小球員每年都透過參加安聯小小世界盃，檢視自己的成長。更重要的是，因為安聯小小世界盃與德甲拜仁慕尼黑的結合，讓小球員有機會接觸頂尖職業俱樂部，進一步打開成為精英職業球員的道路。

透過幼兒足球打開市場　尋找台灣足球新生機

安聯小小世界盃突破千隊，吸引各界許多關注，包括體育署與企業，相關資源就開始投入。中華民國迷你足球協會祕書長張武業強調，推動足球必須提升效益，必須有商業模式，

左／安聯小小世界盃前進外島金門。

下／安北市大足球隊球員成為張武業（左）推展幼兒足球的最佳幫手，也讓球員及早接觸足球產業，畢業後出路更加寬廣。

上右／安聯小小世界盃從 二〇一四年開始舉辦，到 二〇一八年報名隊伍已經破千。

上左／迷你足球協會祕書長張武業（左一）、理事長房振昆（左二）與擔任推廣大使的台北市議員許淑華（右二），一起努力推動幼兒足球。

下／安聯小小世界盃選拔優秀小朋友到德國參加足球訓練營。

才能讓足球發展產生正循環。他說：「我的理念就是推廣足球，讓足球真的成為一個產業，足球很多元，包括許多面向，讓足球可以永續，但若是沒有商業模式，就沒辦法繼續下去。我有個夢想，推動足球發展要有格局與面向，不可能只有單一層面。我力邀全台灣二十二縣市足球總幹事都來，大家認同理念，將理念整合，接下來就是資源共享，才能在全台灣推動賽事。」

張武業四年前（二〇一六）成立中華民國迷你足球協會。成立之初的想法，與德國也有極大關聯，「當時去看各國的推廣經驗，看到德國有個迷你足球計畫，在全國設置了一千座迷你足球場，我就希望也能著手在台灣推廣迷你足球。是不是可能在全台灣二十二個縣市打造二十二座球場？一開始也許是設置活動式球場，接下來就可以成立固定式。台灣小球場多了，愛踢球的小朋友多了，使用率提升了，就有可能蓋更多大球場。這是一個工程，最關鍵就是整合。」他為了推動基層足球到各縣市拜訪，並訴說理念，他的熱情獲得許多人支持。

迷你足球協會強調「共創、共學、共享」的精神，配合政府政策，並透過與各縣市的合作和資源整合，打造足球運動的生態系。為推廣足球教育與打造足球運動職場，及產業蓬勃發展與共好共利。從安聯小小世界盃開始，城市幼兒園盃、Mini Cup 迷你足球錦標賽，再到今年（二〇二〇）正式舉辦，由體育署支持的國小世界盃賽事，搭配各大贊助商冠名的相關賽事，參賽人次超過兩萬人次，不但象徵台灣基層足球的蓬勃發展，更是迷你足球協會的推廣有成。

「在台灣推廣足球，我在找一個答案。」張武業強調，過往推動競技足球，但學生球員畢業即失業，比賽缺少關注，自然不會有資源挹注。他以北市大足球隊為例，儘管成績再突出也沒人看到。他決定將心力投注在推動基層足球，一步一腳印，到如今賽事超過千隊參與，吸引政府與企業投入。對他來說，這只是一個開始，他持續尋找正向循環的可能，就是足球的產業鏈。

台北市立大學足球隊（包括前身台北體院）近十年拿下八座大專足球聯賽冠軍。張武業身為教練，思考學生出路，實力出色的球員持續往企業甲級聯賽前進，其他球員也許可以參與足球教學，或者舉辦賽事活動的工作。這就是他所說，有關於足球的多面向與產業，不只是競技，推廣足球當然也需要專業人才。

張武業的努力不只如此，作為教育工作者，如今基層足球的推廣已經啟動，接下來就是制度化。他撰寫幼童足球指導手冊，未來還希望結合北市大，持續進行其他運動種類的基層教材，希望把台灣幼兒運動的根扎好，從足球開始，讓台灣運動發展更紮實。

第六章・夢想足球起飛

一 再度甦醒的足球魂

在升學主義的影響下，中學階段的競技運動一直是台灣的斷層，被譏為「沙漠」的足球情況當然只有更為嚴重。近年來「少子化」更讓此斷層雪上加霜，儘管家長願意讓孩子在國小時參與運動當興趣，讓幼兒足球相對蓬勃，升上國中就不免要回到升學一途。

小時候在北市民生國小拿過全國學童盃季軍的凱基銀行董事長魏寶生，就是無法在國中繼續踢球的過來人。直到自己事業有成，又見到台灣足球有復甦跡象，讓他發想啟動「夢想足球」計畫。並與中華男足隊長陳柏良攜手，成立了「陳柏良足球公益信託」，結合企業界的支持力量，希望解決中學足球的斷層問題。

魏寶生的發願

魏寶生小時候在北市民生國小拿過全國鑽石盃季軍。可惜家長當時大多不支持球員上國中繼續踢球，他直到入伍新訓去參加國軍盃才能一解「足癮」，但台灣足球的風光歲月也早已不再。

「當年張子岱、張子慧兄弟叱吒風雲，我還接受過羅北教練的指導，這些本來都只是回憶。」魏寶生還說，國小時因為拿到全國第三，全隊被時任中華足協理事長的蔣緯國將軍請吃飯，「吃西餐不知道是不是第一次，但吃西餐加冰淇淋絕對是我的第一次，在那個貧困的年代，我永遠都記得！」

魏寶生感嘆台灣足球逐漸變為沙漠，直到二〇一七年，他心中的足球魂才又開始跳動起來。

「最近看到情況不一樣，小朋友踢球的人口愈來愈多，二〇一七台北世大運票房足球排進前三名，球迷也回來了！」這也讓事業有成的魏寶生，覺得是時候替熱愛的足球盡一份力了。

機緣巧合，魏寶生二〇一七年五月以台灣土耳其經貿協會監事的身分，前往土耳其南部的安塔利亞參加歐洲台商年會，驚訝發現這個以度假勝地聞名的城市，大部分的旅館竟然都有標準足球場，才知道安塔利亞是足訓重鎮，也是夢想足球很好的起點。

魏寶生覺得，台灣高中球員若能去感受國際級的訓練基地、訓練方式，並透過比賽體會歐洲球員的技術與強度，未來才有機會更上層樓，走職業之路。於是和同樣國小就踢足球，時任台土經貿協會理事的精淩科技董事長廖國富，一起自掏腰包來推動足夢計畫，拋磚引玉贊助高中球隊到土耳其安塔利亞移地訓練，也促成台土交流。

二〇一七年十月十一日，魏寶生（左）在記者會宣布啟動「夢想足球」計畫，贊助花蓮高農足球隊到土耳其移地訓練，前一晚才在世足資格賽對巴林送出致勝助攻的陳浩瑋，正好以花農校友之姿出席記者會。

海外移訓　鼓勵弱勢地區

「政府都會依照比賽需求，安排代表隊的移訓。但大多是日本或亞洲鄰近國家，土耳其沒去過，也許去歐洲太貴了。」魏寶生說。

學校方面，經過足球專業人士評估，選中了全國高中八強，也是旅外國腳陳浩瑋的母校花蓮高農。「足球一直是花農的發展重點，後面有漢光教育基金會一直在支持，我們也覺得花蓮相對弱勢，需要多鼓勵。」魏寶生說。

二〇一七年十月十一日，魏寶生、廖國富等發起人召開記者會宣布啟動「夢想足球」計畫，碰巧前一天雙十國慶，中華男足在台北田徑場的亞洲盃資格賽對上強敵巴林，結果先靠「足球貴公子」陳昌源在終場前助攻陳柏良破門追平，補時階段再由陳浩瑋妙傳來自土耳其的「台灣女婿」朱恩樂頂進致勝球，讓中華隊以二比一戲劇化逆轉氣走巴林，替隔天的夢想足球啟動記者會增添振奮能量。

朱恩樂來自土耳其，陳浩瑋是花農優秀校友，企業家贊助高中足球隊出國移訓，促成台土足球交流。這場記者會我駐土耳其大使鄭泰祥、土耳其駐台代表艾瑞坎（İsmet Erikan）、台土經貿協會理事長黃茂雄、花農校長梁宇承都共襄盛舉，陳浩瑋也親自到場感謝企業家們給學弟們這麼好的磨練機會。

就這樣，破天荒的夢想足球花農土耳其取經之旅，在二〇一八年一月浩浩蕩蕩地啟程了。

二 花農的土耳其取經之旅

結合各方力量　花農出征土耳其

二〇一八年一月十九日，花蓮高農足球隊正式啟程前往土耳其的安塔利亞，展開十天的「夢想足球」移地訓練。令人感動的是，魏寶生拋磚引玉真的有迴響，成功號召多家企業贊助此行。

花農在行前記者會由校長梁宇承一一致贈全隊簽名球衣，感謝贊助此行的「貴人們」。這套胸口有著「夢想足球」字樣與花農隊徽的球衣，就是世堡興業董事長羅忠祐所打造，以回收寶特瓶製成的「環保球衣」。前兩屆世足賽共有二十多隊穿著，這次成了花農的「夢想戰袍」。

「人因夢想而偉大，很高興能夠一起參與這次的夢想足球，」羅忠祐說：「希望花農藉著這次的機會，能夠提升自己的足球實力，我也給自己一個目標，進一步結合工研院的科技，做出更棒的球衣！」

魏寶生與精浚科技董事長廖國富、羅忠祐都是台土經貿

上／花農搭機前往土耳其前合影留念。

下／凱基銀行董事長魏寶生（左三）發起夢想足球計畫，贊助花蓮高農赴土耳其移地訓練，花農校長梁宇承（右三）特地致贈全隊簽名球衣給贊助的企業家台土經貿交流協會祕書長連昭志（左起）、世堡興業董事長羅忠祐董事長、桔豐科技董事長徐毓豐、凱基保險經紀人總經理陳冠宇。

左上／花農抵達土耳其阿蘭亞市的第一天，陣中的青年隊國腳馮少祺（右二）就迫不及待要在有漂亮草皮的球場衝一衝。

左下／花農教練李文財。

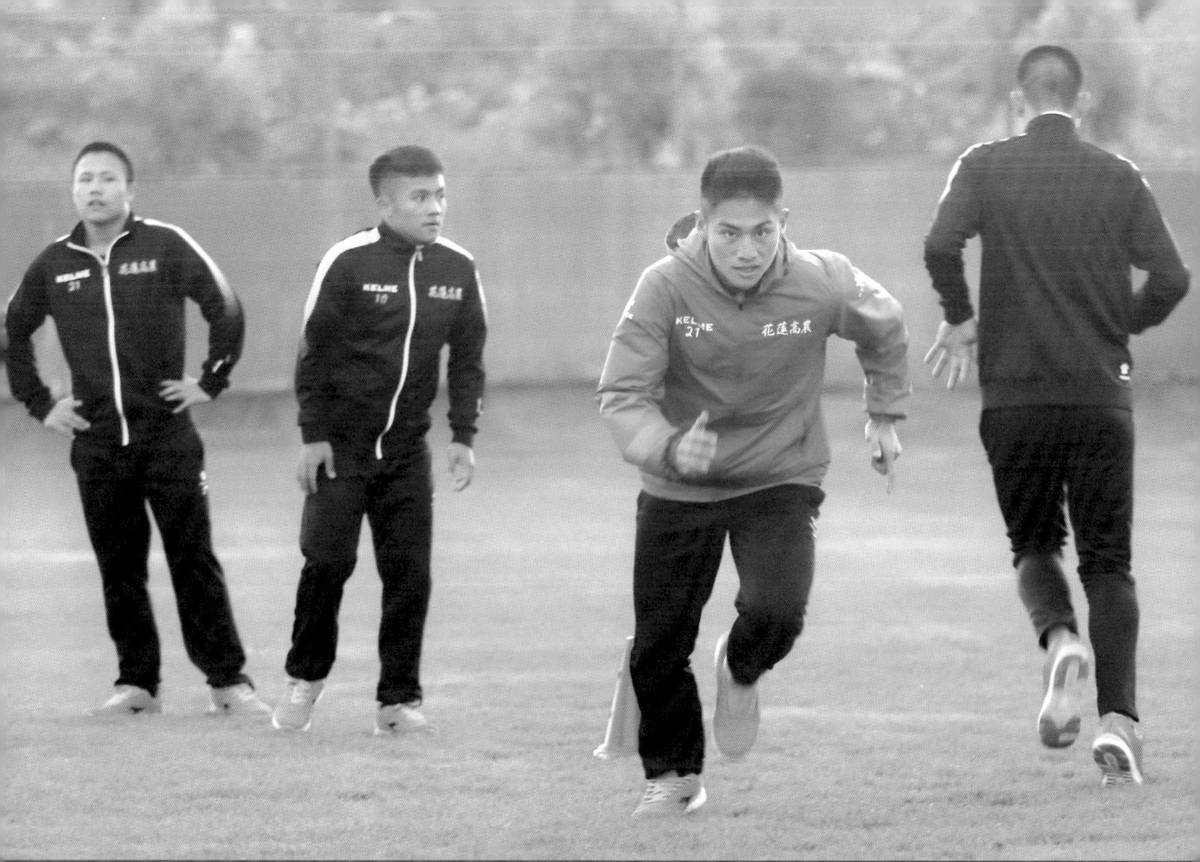
KELME
21
花蓮高農
KELME
10
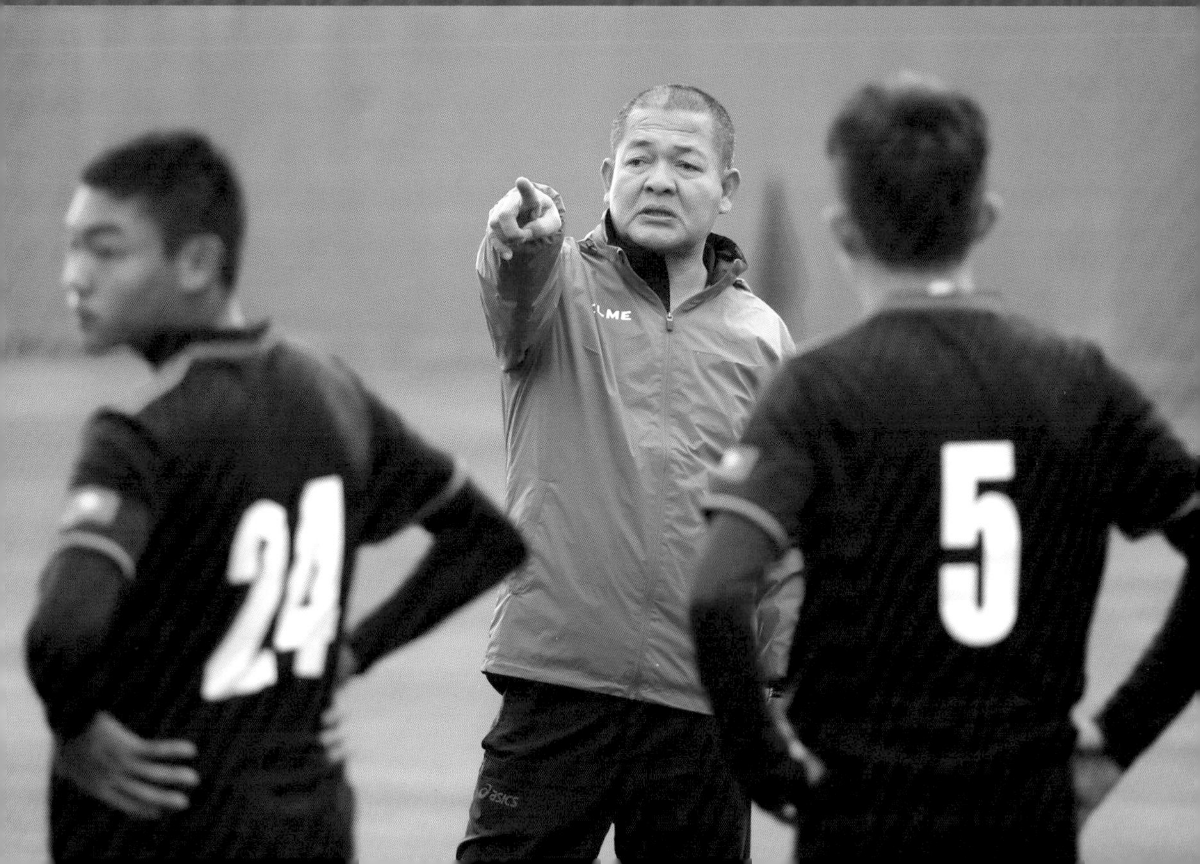
24
5
asics

協會的成員。魏、廖自掏腰包資助花農此行旅費，羅忠祐贊助球衣。魏寶生麾下的凱基保險經紀人規畫並贊助保險，他曾服務過的ＡＩＡ友邦人壽目前正好是英超熱刺隊的贊助商，提供全隊此行運動行李袋，國泰金控則贊助運動背包。

可貴的是，這次響應夢想足球的企業，可不只是魏寶生的朋友們。提供全球超過一四〇國網路漫遊服務的桔豐科技，就主動表示贊助全團海外無線網路分享器，讓教練、球員都能在海外跟家人報平安，聯繫上也更為方便。魏寶生笑說直到行前記者會，才首次見到桔豐董事長徐毓豐，但所謂「拋磚引玉」不正是如此？

四場練習賽　花農小將漸入佳境

在各方大力支持下，花農足球隊由校長梁宇承與總教練李文財領軍，球員、教練、防護員加行政人員共三十五人，抵達土耳其安塔利亞省南部的阿蘭亞市（或稱阿拉尼亞）。一抵達飯店，就看到不少專業運動員體型的住客。原來是保加利亞甲級聯賽的職業隊，索菲亞斯拉維亞與切爾諾莫雷，恰好住同一飯店，使用車程不到十分鐘的訓練場進行冬訓。顯示此地的確是足球移訓的好地點。

訓練場地方面，雖然是冬天，草皮在專業維護下依然具有高水準，甚至給花農教練、球員有人工草皮的錯覺。當時就讀花農的青年隊國腳馮少祺就說：「這裡的訓練場讓我印象很深刻。從車子上遠遠看還以為是人工草皮，下來踩才知道是天然草皮。天然草竟然可以種得這麼平，還是冬天草比較難長的時候。在國內沒有看過這麼棒的草皮，在這裡訓練還滿幸福的！」

花農在土耳其總共踢了四場練習賽，先是一日兩戰，分別以一比二、〇比四輸給當地土超聯賽隊伍，阿蘭亞體育的U16、U18梯隊，後者甚至是土耳其U18全國錦標賽的冠軍隊。隨後，以四比〇擊敗阿蘭亞體育U15梯隊，最後一戰再以二比二踢平阿蘭亞體育中學，四場比賽以一勝一和二負作收。

既然是取經，勝負其次，收穫與成長才是最重要的。為了讓取經成果更為豐碩，負責此行的達人基金會已與對手協調好，每場比賽都由主隊教練將自己所看到的重點與建議，在賽後與花農進行分享與討論。

土國教練　點破台灣足球盲點

首戰的阿蘭亞體育U16梯隊教練，賽後稱讚花農球員展現出團隊精神，「進攻就是一起上來進攻，防守就是立刻退到球的後方，一起防守，」可惜似乎比較欠缺power，鼓勵花農球員把自己練得更壯一些，未來才更有發展。

阿蘭亞教練指出，其U16梯隊成員是俱樂部教練到土耳其全國各地看分齡錦標賽，球員

上／阿蘭亞體育U18、U15梯隊的教頭烏魯索伊鼓勵花農球員口、眼並重，多用聲音和眼光溝通。

中／花農隊長張志千（左）在練習賽中與阿蘭亞體育梯隊球員較量。

下／花農小將到土耳其不但切磋球技也交朋友。

上右／卡夫索格魯得意分享他擔任市長時如何打造出當地的足球訓練產業。

上左／花農訓練的球場旁山坡上就能看到羊群，圖克勒區這塊旁邊有小山丘、沒有農業價值的區域，被打造成擁有足球訓練、畜牧、飯店住宿等產業。

下／花農與阿蘭亞體育中學踢練習賽，前市長卡夫索格魯也穿著花農球衣下場助陣。

在速度、技術各方面有突出的天分才雀屏中選，原本資質就很好。「來到俱樂部之後，我們每週進行六天的訓練，而且都是高強度的訓練，」阿蘭亞教練表示，這些球員原本未必特別強壯，但經過訓練後都變得更有「power」，這也是他要給花農球員的建議。

帶領阿蘭亞體育U18、U15梯隊的教頭烏魯索伊（Ulaş Ulusoy），則鼓勵花農球員口、眼並重，多用聲音和眼光溝通，並建議教練在場邊不用一直喊，讓場上球員有培養自主判斷的能力，恰恰點破台灣足球常見的盲點。

「其實在比賽中，我很少直接出聲指揮球員，應該說，我會盡可能避免如此，給他們在場上更多自由和空間。」烏魯索伊說，哪些狀況如何處理可能更好，他當然會有想法。但傳達的合適時間點，還是要等球賽空檔時，比如中場休息或賽後。若在比賽中真的有重要的指示，他會把球員叫到場邊來叮嚀。

於是乎，在花農與阿蘭亞體育這三場練習賽，真的看到烏魯索伊和其他主隊教練很少在比賽中出聲，花農的教練團則恰好相反。隨行的花農校長室祕書廖海峰就說，自己一直有個疑惑，會否教練在場邊喊得太多，反而讓球員不知所措？

其實不只是花農，在台灣各級比賽大概都是如此。最大關鍵，在於台灣球員大多還沒有成熟的觀念與解讀比賽的能力，不知道如何正確處理球，也難怪教練們求好心切，總在場邊一直喊。結果成效未必好，球員也難以培養獨立思考的能力。

相較之下，阿蘭亞體育就連U15的球員，在比賽中不論傳球、跑位或攔截、壓迫，都有清楚而一致的觀念。烏魯索伊表示，這些都得在訓練中培養，才能在比賽當中展現。

「從一對一的訓練開始，接下來擴大到二對二、三對三、四對四。透過情境的設定，訓練球員，在小場的對抗中如何做出正確的判斷和處理，持續擴大到全場的配合，然後才是比賽。」烏魯索伊說。

烏魯索伊建議台灣教練在場邊做重點式的提醒即可，卻鼓勵場上球員彼此更積極出聲互相提醒指揮，「我想提醒花農的是，後防要穩定，守門員的出聲指揮很重要。你們的守門員有點安靜，我也沒有聽到中後衛的聲音喔！」烏魯索伊說。

同樣是阿蘭亞體育的青年梯隊，U16主打地面傳導，U18球員的體型更為壯碩，也更靈活運用長傳。烏魯索伊指出，傳球的方式視比賽狀況而定，如果對手的後衛壓上來，背後有空間，就應該嘗試長傳。

「但當你要長傳時，記得要注意有哪些隊友在跑、可以接應，而不是漫無目標地大腳長傳。你要去看誰從這裡跑、誰從那裡跑，用眼睛也是一種溝通。」

土國前市長　促成足訓基地

花蓮高農在「夢想足球」土耳其之旅的最後一場練習賽，以二比二踢平阿蘭亞體育中學，陣中還多了一個老外「歐吉桑」。原來他是當地的前市長卡夫索格魯（Hayri

上／阿蘭亞體育中學致贈校旗給達人基金會執行長魏華妍（左）。

下／花農校長梁宇承（左）感謝我國駐土耳其大使鄭泰祥協助安排土耳其移訓事宜。

左上／花農在卡夫索格魯的安排下，看了阿蘭亞體育vs.布爾薩體育的土超聯賽。

左下／土超職業聯賽現場看球的熱烈氣氛，讓花農球員相當興奮。

Bir Alanyamız
KELME
花蓮高農
國
立
TEKSAS
Bahçeşehi Okulları
MARATON
ÜNİTİMSAN
RADİKAL
Laminet
uhlsport
Aytemiz
Aytemiz
Sporun Gücü
Sporun Gücü
Sporun Gücü
mağazacılık
BAŞKENT ÜNİVERSİTESİ
ALANYA HASTANESİ
0 242 510 25 25
SHARE TOGETHER
BİRLİKTE PAYLAŞALI

Cavusoglu），這次花農在阿蘭亞的移訓行程全靠他力挺安排。卡夫索格魯還招待花農全隊現場欣賞土耳其超級聯賽，親睹職足丰采。

卡夫索格魯年輕時也踢過阿蘭亞體育的青訓隊，只是後來選擇從政，但對踢球的熱愛依舊不變。他已經四十八歲，體力仍不輸年輕球員，在這場台、土高中大戰踢了約六十分鐘。

卡夫索格魯擔任市長十年任內，將阿蘭亞當地開發成足球訓練聖地，不過以往來此移訓大多為歐洲或中東球隊。這次他承諾了魏寶生，不只是訓練場地，家族所有的阿蘭亞體育俱樂部也在練習賽全力相挺，派出三支青訓梯隊和花農較量。

我國駐土耳其大使鄭泰祥也在花農的最後一場練習賽趕到阿蘭亞，表示這次花農到土耳其移訓，不但是台灣足球隊的第一次，也是卡夫索格魯與阿蘭亞首次接待來自東亞的球隊，對雙方而言都意義非凡。

卡夫索格魯的家族就是土超隊伍阿蘭亞體育的背後老闆，也正是他過去的眼光與政策，才讓阿蘭亞市的圖克勒區（Turkler）能夠以飯店結合球場，打造成整套的足球訓練產業。

阿蘭亞市位於地中海濱，擁有古城觀光資源，也是很多歐洲人選擇的避暑勝地。冬季時人口不到三十萬人，夏天因為遊客湧入，卻有將近百萬人的規模。然而，這些觀光資源多集中在舊城區，另一邊的圖克勒區可是苦哈哈的。圖克勒原本也是市，後來才被併入阿蘭亞。也是十年前卡夫索格魯擔任市長時，開發地方興建道路，配合民間打造足球場，才創造出當地的生機。

花農此行在當地的食宿、訓練場、練習賽，全由「艾維馬足球」（Evima Football）公司一手包辦。艾維馬足球在圖克勒的訓練基地，共有三面一〇〇×六八公尺，與九〇×六〇公尺、四〇×二〇公尺各一面足球場。旁邊其實是座小山丘，岩石很多，沒有農業之利，多虧足球才能翻身。

「十年前這邊只有一面小球場，如果不是市長在山上開了條路把這裡開發起來，不會有今天的球場規模。他是我的貴人呢。」艾維馬足球的老闆塞比西（Habib Cebeci）滿意地說，現在他不但有五面球場，還養了一七〇隻羊。一邊比賽一邊有羊群的咩咩叫當音樂，也很特別。

塞比西說，多年來看著許多球員在這裡訓練，後來成為頂尖球星，也是一種成就感。印象最深刻的應該是俄羅斯前鋒帕夫柳琴柯（Roman Pavlyuchenko），先後效力過莫斯科斯巴達、英超托特南熱刺、莫斯科火車頭等勁旅。

冬天在阿蘭亞其實是觀光淡季，但花農此行於該地待了近十天，扣除機票，也讓當地住宿加訓練、場地收入將近七十萬新台幣。同一時間還有索菲亞斯拉維亞、切爾諾莫雷兩支保加利亞甲級球隊，能在淡季創造出這樣的收益，值得台灣借鏡。

看土超職業足賽　撿球也嚮往

花農的土耳其之旅除了進行四場練習賽，回台前還在卡夫索格魯的招待下，看了阿蘭亞體育與布爾薩體育的土超聯賽。畢竟這趟「夢想足球」之旅，不僅是要讓球員透過比賽去體會歐洲足球的強度，更希望讓他們憧憬職業足球，立下未來要成為職業球員的志願。

「最後一天我們去現場看土耳其超級聯賽，氣氛真的是沒話說。」時任花農隊長也是亞青國腳的張志千說：「雖然球場不大，就觀眾人數來說，似乎也沒有去年國慶我在台北田徑場看中華對巴林那麼多，但是他們不論是主、客隊的加油都很有氣勢、很有方法，還有主隊進球之後的慶祝音樂，都很激昂而且有氣勢。」

張志千說，他還注意到主隊阿蘭亞體育的場邊撿球員，有幾個就是自己練習賽碰過的青訓梯隊。能夠這樣近距離看老大哥的比賽，一定非常嚮往。「這是我第一次看國外的職業賽，真的好羨慕球員能在這樣的氣氛下踢球，會讓人想在場上全力施展自己的球技。如果是我，就算是被對手球迷噓，也會覺得很爽吧！」

就比賽來說，張志千覺得土超的風格很強勢，有很多的身體碰撞。這次跟他們的梯隊比賽，年紀比較小的梯隊大多走地面傳導，愈大的身體對抗性就愈強，打更多長球，到了土超更是如此。「真的就像對方教練說的，我們還要練得更壯一點才行。」張志千說。

有趣的是，不同於練習賽時被土國教練點出「喊聲提醒太少」、「太安靜」的缺點，花農球員現場觀看土超聯賽，在觀眾席可是非常勇於表達意見與看法。顯示台灣球員並非沒有自己的觀點，只是比賽中往往過於依賴教練的指揮，失去了自己的判斷力與創意。這種足球文化的體認，或許是這趟土國取經之旅最重要的收穫之一。

花蓮高農完成土耳其移地訓練之旅，讓「夢想足球」計畫成功邁出執行面的第一步。計畫發想人魏寶生，還有進一步舉辦國際高中足球邀請賽的想法。藉由花農訪土，以及我駐土國大使鄭泰祥的協助，獲得土國安塔利亞省冠軍隊阿蘭亞體育中學承諾派隊來台，就是具體進展。而花農此次作為第一支到土國阿蘭亞移訓的東亞球隊，除了足球取經，當地高中有意洽談締結為姊妹校，也是收穫之一。

三 台灣隊長成夢想推手

魏寶生的夢想足球計畫，透過贊助花農至土耳其移訓踏出第一步。但旨在拋磚引玉，他心中還有更大藍圖，希望以自己在金融領域的專業，比如成立足球公益信託，再推一把，幫助台灣足球員更上層樓。

「未來如果有台灣足球員想加入國外職業球團，希望我的公益信託能夠提供補助。如果踢得好，在職業球團的薪水高了，他也願意回饋這個公益信託，我樂觀其成。」

公益信託最好有指標性人物來號召，旅外棒球好手陳偉殷、陽岱鋼就是範例。魏寶生想讓足球沙漠湧出希望之泉，的確也需要重量級好手共襄盛舉，這個關鍵人物無疑就是「台灣隊長」陳柏良。

從二〇一一年加盟香港超級聯賽的天水圍飛馬，開啟台足旅外之路，二〇一二年加入中甲深圳紅鑽後更一直在對岸職業足球聯賽拚戰，陳柏良不但是台灣的「足球一哥」，還一直思索如何回饋以改變台灣的足球環境。

在經紀公司的協助下，陳柏良於二〇一六年底啟動了「BE HEROES 陳柏良足球教室」的第一站，至淡水新市國小與小朋友、家長進行座談，分享自己的足球之路與旅外經驗。隔年他想把足球教室擴大舉辦成菁英足球營，卻苦於尋覓贊助商，遂與魏寶生有了「第一次接觸」。

台灣足球一哥　公益信託推動夢想

有趣的是，兩人在二〇一七年十月三十一日的首次會面，不是完成替陳柏良足球教室找贊助商這樣的小目標，而是有更大格局的突破。陳柏良不需要替他的活動找冠名品牌，魏寶生說：「因為陳柏良本身就是最好的品牌。其實現在很多企業家，都有財富未必要留給子孫的想法，希望捐到自己關心的領域做公益，只是不知道該捐給誰、要捐去哪。但在足球領域，我相信我們的國家隊隊長陳柏良，捐到公益基金讓他推動足球，會是雙贏局面。」

魏寶生建議公益信託陳柏良足球基金的概念說來很簡單，他的團隊擬出推動足球的方案，粉絲或企業主支持其理念就可以捐款到基金內，在基金監督人的督導下專款專用。而運動員最頭痛的法律或行政流程，就由銀行團隊代勞。

「在台灣，如果你找一家銀行冠名贊助，其他銀行就不太可能來參與。」魏寶生說：「陳柏良不需要品牌贊助，他本身已經是最好的品牌了。」

陳柏良舉辦第一屆足球教室時，要傳達給球員家長最重要的想法，就是在台灣踢好足球也可以成為職業，沒有比其他運動員矮一截。希望家長們支持小朋友踢球的興趣和夢想。突

上／二〇一七年十月三十一日陳柏良（右）首次拜會魏寶生，推動足球的想法一拍即合。

左上／二〇一六年底陳柏良到淡水新市國小首次舉辦足球教室。

左下／二〇一七年底，陳柏良在魏寶生協助下首次舉辦足球菁英學院。

右下／二〇一八年陳柏良以足球公益信託為基礎，到高雄擴大舉辦足球菁英學院。

TPE
17
17
2017 BE HEROES
陳柏良足球菁英學院
BE HEROES

破盲點就海闊天空。陳柏良和團隊不用每年去拜託廠商贊助活動，只要做好自己踢球的分內工作，擦亮自己的品牌，就能匯聚更大力量來推動足球發展。

「好感動，感覺我的夢想漸漸在實現了。」陳柏良表示，自己一直在思考如何實質幫助台灣足球進步，卻不知該從哪裡開始，「剛好碰到魏董跟我有一樣的想法，也感覺得到他真心喜愛足球，我們有共同的目標就真的很開心！也希望由我跟魏董的結合來做開頭，能讓更多人或是企業加入，幫助台灣足球。」

透過公益信託基金，關心足球的人不論想出錢、出力，終於有一個可以「創造可能」的平台，讓「改變」開始發生。魏寶生還特別以中華男足二比一神奇逆轉巴林之役為例，「像雙十國慶那晚，看到柏良對巴林踢進追平的那球，企業老闆捐十萬都有可能！」

二〇一七年底，陳柏良首度舉辦足球菁英訓練營。魏寶生從旁協助，凱基銀行與陳柏良所屬的展逸國際企業也努力進行相關程序，終於在二〇一八年五月二十五日宣布成立「陳柏良足球公益信託」，踏出台灣為了推廣足球特地設立公益信託的第一步。

四　國際高中足球賽起跑

陳柏良成立足球公益信託，除了擴大足球菁英訓練營的規模，第一個新的挑戰就是宣布在二〇一八年底舉辦國際高中足球賽，因為他很清楚，國、高中就是台灣足球的斷層。

「我的母隊杭州綠城（後更名為浙江綠城）的青訓系統非常有名。職業隊扮演火車頭很重要，我們訓練，都有國高中生在旁邊看，就像我小時候看台電踢球，覺得好厲害。」陳柏良說，台灣足球職業化尚未實現，他要做的是先讓高中足球員「有舞台」，「能被世界看見，或許他們的想法又不一樣。」才計畫舉辦比賽。

舉辦國際高中足球賽的想法，也一直在魏寶生腦中縈繞不去。在二〇一八年初贊助花農前往土耳其移訓時，他就有年底辦比賽的計畫，打算邀台灣高中聯賽冠亞軍與兩支外隊切磋。當時就鼓勵花農在高中聯賽好好表現，打入冠軍決賽。可惜花農最終無緣四強，由冠軍清水高中、亞軍惠文高中參與首屆「BE HEROES 國際高中足球邀請賽」。

外隊部分，魏寶生贊助花農赴土，就是希望搭通台、土的足球天地線，二〇一八年中，土國前市長卡夫索格魯訪台

左上／二〇一八年陳柏良（右起）、凱基銀行董事長魏寶生、展逸國際企業創辦人張憲銘攜手打造首屆BE HEROES國際高中足球邀請賽。

左下／前中華男足國門呂昆錡在表演賽一圓進球夢想。

下／魏寶生（中）、張憲銘（左）都在表演賽下場獻技。

時，也承諾年底讓阿蘭亞高中足球隊來台比賽。可惜後來因為匯率變動使得機票太昂貴，土國球隊未能成行，而是由二〇一七年贏得日本群馬縣地區聯賽三部（第三級）冠軍的利根商業高校與香港的九龍城聖公會，來到新北的輔大足球場共襄盛舉。

「國外的足球市場是很大的，希望這項比賽未來年年持續舉辦，甚至擴大規模，讓國內、國外球探來這個比賽看球員。」魏寶生說。

邀請國外高中參與交流

台灣隊長登高一呼，企業主力挺，加上展逸國際企業董事長、前職籃球員張憲銘努力奔走，這項邀請賽獲得昇恆昌、AXA、鮮乳坊、富邦產險等企業提供贊助，讓足球一哥面子十足，首屆「BE HEROES國際高中足球邀請賽」也在二〇一八年十一月十六日順利開打。

首戰由連兩年打入高中聯賽冠軍戰，奪得一冠一亞，且在二〇一八年九月甫獲全國青年盃冠軍的惠文高中，卯上利根商校。結果身材沒有惠文高大的利根，一開賽就從前場壓迫，讓惠文連後衛都無法輕鬆導球，伺機截球製造反擊機會，也收到很好的成效，最終以二比一旗開得勝，讓台灣球隊看到不同的打法。

「在國內很少打到對手壓迫這麼快，身體很快就靠上來。這麼侵略性的防守，我們會踢得比較吃力。」惠文總教練葉獻中說：「球員就是要透過這個比賽學習這些經驗，面對壓迫時怎麼做出好的反應，就連國家隊也是一樣的。」

就讀於利根的前台灣U15小國腳，是役擔任右後衛的林聖璋則解釋，前場拚搶壓迫是球隊的標準打法，「盡量在別人半場打球。因為我們身材比較矮小，在中間讓對方吊球進來的話，我們防守沒有優勢，所以盡量把球踢到對手半場，從對手半場開始壓，沒有要求一定要拿球權。」

利根以小搏大，次役再以三比二氣走二〇一八年贏得台灣高中聯賽冠軍的清水高中，最後一戰四比一輕取香港九龍城聖公會，三戰全勝抱走首屆BE HEROES國際高中邀請賽冠軍。清水高中則以二勝一敗屈居亞軍，惠文、九龍城分獲三、四名。

「希望這樣的交流，能讓大家一起成長。」利根商校總教練小川章賽後感謝主辦單位的邀請，也很開心首度到海外交流就能奪冠，認為不同國家的球員透過比賽交流，對球員成長會有很大的幫助。而該隊的前場壓迫防守，的確讓台灣球隊學到一課，這正是舉辦高中國際足球賽的目的。

除了高中球員的比拚，陳柏良、張憲銘、魏寶生、旅外好手溫智豪、前中華男足國門呂昆錡也親自「下海」，踢了一場別開生面的表演賽。昔日在籃球場展現扣籃美技的張憲銘戴起門將手套，阻止陳柏良射門，呂昆錡則一圓踢前鋒進球的夢想。魏寶生帶領由師大附中校友組成、幾乎都是企業成功人士的流浪隊助陣，讓首屆BE HEROES國際高中邀請賽在熱鬧中落幕。

五　土耳其難民隊來台

首屆 BE HEROES 國際高中邀請賽圓滿完成，美中不足是少了原本期待的歐洲隊伍。在二〇一九年舉辦第二屆時，除了達成陳柏良、魏寶生期許賽事永續經營、擴大規模的目標，就連前一屆的遺憾也一併滿足了。二〇一九年 BE HEROES 國際高中邀請賽請來有敘利亞難民的土耳其雷漢勒市府隊，加上台灣高中聯賽冠軍花蓮高中、亞軍北門高中、季軍宜蘭高中與北市的中正高中，以及日本開志國際高校、香港九龍城兩支外隊，七支隊伍於十二月十二日展開四天激戰。

「這次比賽不但是國際青年體育交流，也富有人道意義，」我國駐土耳其大使鄭泰祥指出，雷漢勒位於土、敘邊界，原本人口約十萬，但二〇一一年敘利亞內戰爆發以來，該市已經收容超過原本人口的難民數，展現人道精神。我國外交部也援助該市興建供難民學童就讀的「台北友誼學校」。

為了讓雷漢勒市民與敘利亞難民更了解彼此及增進友誼，其市府足球隊亦鼓勵敘利亞難民加入。而在第二屆 BE

上／隨隊來台的土耳其雷漢勒市長（左）致贈獎牌感謝魏寶生。

下／BE HEROES 國際高中邀請賽以東道主身分宴請即將離台的土耳其雷漢勒市府隊。

左上／二〇一九年 BE HEROES 國際高中邀請賽請來有敘利亞難民的土耳其雷漢勒市府隊。

左下／土耳其雷漢勒市府隊陣中有一半土耳其人與一半敘利亞難民，賽後全隊拿出兩國國旗合照。

KELME
REYHANLI SPOR
6
20
REYHANLI SPOR
8
16
10
14
1
2
11
9

HEROES 國際高中邀請賽，我國外交部協助解決雷漢勒市府隊來台的簽證事宜，機票則由 BONTEX 邦泰貿易贊助，促成這次有人道意義的體育交流。

以球會友、足球外交　多重意義

雷漢勒隊首戰遇上宜蘭高中，竟然開賽十三分鐘就連進兩球。當時球員狂奔擁抱慶祝，激情四射。但他們最終以二比四不敵宜蘭高中，比賽中的狀況也很多。球員與球員、球員與教練在比賽中吵架，門將法德（Muhammed Fadel）上半場連丟三球，中場休息被教練罵哭，後衛德米達（Ahmet Demirdal）在比賽結束時衝到場邊用手捶牆壁還撞到門，令人有些傻眼。

「其實我們才成軍兩週，球員也來自很多不同的學校，彼此間都不太認識，所以在這麼短的時間內磨合得不夠，比賽默契沒有那麼好。」教頭柯多（Mohamed Zaher Kerdo）說：「在這種情況下，第一場比賽算踢得不錯了。開賽頭十五分鐘我比較滿意，後面就不好了。當然台灣的球隊（指宜中）也滿厲害的。」

雷漢勒隊的狀況多多，是因陣中土耳其、敘利亞籍的球員各半，就連柯多也因為語言問題，比賽中無法很有效地指揮。賽後替柯多擔任翻譯的球員薩金（Mahmut Sakin），因為媽媽是敘利亞人才有土語、阿語「雙聲帶」的本事，也屬少數，語言不通當然影響了場上表現。

在這種情形下，雷漢勒隊在第二屆 BE HEROES 國際高中邀請賽僅獲第六名，但成績好壞並不抹煞此行訪台的意義。離台之前，魏寶生特地舉辦了慶功宴，邀請這批特別的客人，以及贊助商、工作人員。雷漢勒市市長在席間與鄭泰祥視訊連線，並一一致贈感謝狀。當然，雷漢勒全隊也有機會遊覽台北市的觀光名勝，圓滿完成這趟足球外交。

比賽則在十二月十五日落幕，冠軍戰北門高中以二比一力克花蓮高中，報了同年高中聯賽決賽的一箭之仇，季軍戰宜蘭高中以〇比一不敵日本開志國際高校，讓客隊抱走第三名，香港九龍城學生隊則獲第五名。

陳柏良辦比賽，賽前就期許小老弟們「冠留台灣」，結果實現當然讓他非常開心，「當然主要還是以球會友，透過比賽，讓台灣球隊認識不同的足球文化，幫助球員在各方面有所成長。希望明年能邀請到更高水準的球隊來台灣參賽，這樣才有助於台灣球員以及大環境的提升。」

而 BE HEROES 國際高中邀請賽的另一個特色，是由足球名人與各界知名企業家進行的表演賽，第二屆當然也沒缺席。最終由陳柏良、溫智豪領軍的白隊以五比二擊敗紅隊，並以一球之差贏得十二碼球ＰＫ戰。

十二碼球ＰＫ戰獲勝的白隊一人捐贈一萬，紅隊一人捐贈兩萬。在魏寶生的規畫下，共計二十一萬元捐入陳柏良公益信託基金。

「主要還是玩樂性質居多，藉這個ＰＫ賽，大家很開心也很緊張，還可以捐錢，這樣也

上／北門高中將冠軍留在台灣，陳柏良親自頒獎。

中／北門高中（左）在小組賽對決中正高中。

下／二〇一九年 BE HEROES 國際高中邀請賽個人獎得主。

上／袁慶國（右二）全力支持兒子袁永誠（中）旅外踢職業足球的夢想。
下／袁永誠（左）盤帶突破的攻擊企圖心相當旺盛。

能充實陳柏良公益信託基金。來的朋友們都很熱心，也願意接受挑戰，本來只是一個簡單的構想，沒想到得到大家的支持。」

魏寶生表示，他發現國內球隊的強度一年比一年好，來年希望能找東南亞的球隊參加邀請賽，更期盼能邀請到一些英超的教練來台灣指導。「這些都是我們的目標，我們都還在努力中。最重要的是要讓我們的高中生，在這個時間點見識到國外足球的競爭力，這也是我們更大的目的。」

六 贊助西班牙小子袁永誠

陳柏良足球公益信託成立，菁英訓練營與高中國際邀請賽都逐漸步上軌道。魏寶生希望公益信託能成為助台灣小將躍上國際職足舞台的推手，也有了第一個對象。年僅十七歲的台灣足球未來之星袁永誠二〇二〇年初繼續到西班牙訓練，挑戰成為職業球員的夢想，陳柏良公益信託也補助其二十萬的訓練費用。

袁永誠二〇一五年到中國的富力切爾西足球學校訓練，表現突出，但被要求轉籍中國。他拒絕後，選擇前往更競爭、難度更高的西班牙，於二〇一八年二月隻身前往 Alcobendes 足球學院，二〇一九年九月再轉戰 A.C. Intersoccer 馬德里足球學院。

為了支持袁永誠的足球夢，袁家兩年花了三百萬元，爸爸袁慶國還把房子抵押辦貸款。袁永誠在二〇二〇年十一月滿十八歲後，就能取得參賽證，可以選擇於 Alcobendes 踢第二級青年聯賽，有機會獲得球探青睞，或者在 A.C.Intersoccer 馬德里成人隊踢第四級聯賽。

如果 A.C.Intersoccer 馬德里能升上西丙，袁永誠就有機會成為首位在西班牙踢職業足球的台灣好手。他在二〇二〇年的訓練花費仍需一二〇萬，陳柏良公益信託適時扮演推手，也希望更多企業相助。有了挑戰成功的案例，未來台灣小將就有追隨的目標。

不過受新冠疫情影響，Alcobendes 足球學院被迫暫停，袁永誠也於二〇二〇年三月趕回台灣。除了防疫，也在恩師王家中的指導下進行自主訓練。袁永誠後於二〇二〇台灣企業甲級足球聯賽第三循環前加入台灣鋼鐵，並在對銘傳大學的下半場替補上陣，以十七歲之齡上演個人成年賽處女秀。十月底參與奧運培訓隊集訓後，袁永誠於十一月十三日再次啟程飛往西班牙，繼續追逐職業夢想。

結語

足球是全世界最受歡迎、參與人數最多的運動，同樣也最為競爭。偏偏在體育資源有限的台灣，只有成績好才受重視，長期來使得體育發展成為「鑽巧門」畸形化，直到近年才有回歸基礎主流運動的政策，但台灣足球仍在國際強力競爭下難以突圍。

二〇二〇年受到新冠疫情影響，對全球都是極為困難的一年，甚至有人形容整個世界彷彿在今年停格。然而，包括足球在內的各項國際運動賽事大多停擺，民眾少了為賽事激情喝采的機會，但從另一個角度來看，也免於因成績不佳被「出征」檢討的情況。

幸運的是，二〇二〇年台灣因為防疫得宜，國內的足球活動並沒有停擺，男、女足頂級聯賽一如既定行程於四月開踢，到十一月圓滿完成賽季，甚至還開辦了青年聯賽與男足的乙級聯賽。國內足球賽事之多，反倒可能是歷來之最。

再加上中華足協自二〇一九年底開始規畫建立註冊系統，於二〇二〇年啟用，預計要將國內的球員、教練、裁判甚至球迷，都納入系統登記的範圍內，這也是前所未見的大工程。

可以說，二〇二〇年的台灣足球不但沒有因為疫情大環境而停擺，反而趁機進行打基礎的重大工程。

台灣要發展職業足球的氛圍仍在醞釀但尚未成熟，不過頂級聯賽透過部分政府補助及亞足聯輔導實施俱樂部認證，逐漸架構「準職業化」的體系，特別是讓頂級聯賽隊伍成立青年梯隊，扛起帶動基層的火車頭角色。

特別的是，台灣近年最底層的幼兒足球蓬勃發展，已有上千隊報名參賽的能量，升上中學階段卻被升學主義所箝制。因此，包括足協開辦青年聯賽、本書發想者魏寶生啟動夢想足球計畫，還有中華男足隊長陳柏良舉辦菁英足球營與高中邀請賽，都是見到這個最吃力的部分，希望推上一把。

如果高中足球員能夠提升實力，不僅是未來職業化的即戰力兵源，也有輸出旅外的可能，都將進一步提升國家隊的競技實力。而在二〇二〇年的基礎工程後，中華女足將備戰二〇二二亞洲盃，力拚二〇二三女足世界盃擴軍三十二強後的參賽門票。中華男足則以角逐二〇二二杭州亞運及二〇二四巴黎奧運資格賽為目標，且讓國人拭目以待。

致謝

本書感謝以下各方授權影像使用：

中國時報、麗台運動報、中華民國足球協會、中華民國迷你足協、陳信安足球學校、台灣山葉公司、航源ＦＣ、中華電視公司、展逸國際、飛馳、高中體總、魏寶生、李永輝、鐘劍武、謝善伍、羅北、王睿、呂昆錡、陳凡舜、朱心磊、李開明、李明恕、鄧明輝、劉秀美、陳雅玲、林培元、顏芝萍、陳淑瓊、陳鞠伎、李天助、賴郁泰。

國家圖書館出版品預行編目資料

台灣足球60年／李弘斌、葉士弘著 .
--初版. --臺北市：商周出版, 城邦文化事業股份有限公司出版：英屬蓋曼群島商家庭傳媒股份有限公司城邦分公司發行,
民109.11
面； 公分

ISBN 978-986-477-955-0（平裝）

1.足球 2.歷史 3.臺灣

528.9510933 109017332

台灣足球60年

作　　　者／李弘斌、葉士弘
責 任 編 輯／楊如玉、陳思帆

版　　　權／黃淑敏、吳亭儀
行 銷 業 務／周佑潔、周丹蘋、黃崇華
總　編　輯／楊如玉
總　經　理／彭之琬
事業群總經理／黃淑貞
發　行　人／何飛鵬
法 律 顧 問／元禾法律事務所　王子文律師
出　　　版／商周出版　城邦文化事業股份有限公司
台北市104民生東路二段141號9樓
電話：(02) 2500-7008　傳真：(02)2500-7759
E-mail:bwp.service@cite.com.tw
發　　　行／英屬蓋曼群島商家庭傳媒股份有限公司 城邦分公司
台北市中山區民生東路二段141號2樓
書虫客服服務專線：02-25007718・25007719
24小時傳真專線：02-25001990・25001991
服務時間：週一至週五上午09:30-12:00；下午13:30-17:00
劃撥帳號：19863813；戶名：書虫股份有限公司
E-mail：service@readingclub.com.tw
歡迎光臨城邦讀書花園　網址：www.cite.com.tw
香港發行所／城邦（香港）出版集團有限公司
香港灣仔駱克道193號東超商業中心1樓
E-mail：hkcite@biznetvigator.com
電話：(852) 25086231　傳真：(852) 25789337
馬新發行所／城邦（馬新）出版集團【Cité (M) Sdn. Bhd.】
41, Jalan Radin Anum, Bandar Baru Sri Petaling,
57000 Kuala Lumpur, Malaysia
電話：(603)90578822　傳真：(603) 90576622
E-mail：cite@cite.com.my E-mail

封 面 設 計／李東記
版 型 設 計／鍾瑩芳
排　　　版／游淑萍
印　　　刷／韋懋實業有限公司
經　銷　商／聯合發行股份有限公司　電話：(02)2917-8022

■2020年（民109）11月24日初版
■2021年（民110）1月5日初版2.5刷

定價／650元

Printed in Taiwan

 ISBN 978-986-477-955-0

城邦讀書花園
www.cite.com.tw